기독교 목회자의 리더십에 대한 경영학적 연구

기독교 목회자의 리더십에 대한 경영학적 연구

서 정 하 著

한국학술정보㈜

서 문

이 책은 한국에 기독교가 보급된 후로 목회자의 리더십을 경영학적 관점에서 연구한 국내최초의 목회자리더십연구이다. 21세기에 들어서면서 한국 기독교인의 양적인 감소와 기독교의 영향력이 점차적으로 약해지고 상대적으로 교회조직의 효과적인 리더십에 대한 요구가 더욱 절실해 졌지만 목회자리더십을 과학적으로 통계, 분석한 연구는 전무후무하였다. 기존의 목회자리더십에 대한 국내외의 연구들은 성경에 나타난 인물들(예, 예수 그리스도, 모세, 사도 바울, 아브라함, 야곱, 요셉 등)에 대한 신학자들의 연구와 특정 교회 목회자의 리더십을 에세이(essay)식으로 서술한 것이 대부분이었다. 더욱이 교회조직을 실제적으로 구성하고 자발적으로 운영해 나가는 추종자(성도)들에 대한 연구는 찾아 볼 수가 없었다.

이러한 목회자리더십연구의 역사와 흐름을 깨달은 저자는 교회조직에서 리더(목회자)를 따르는 추종자(성도)의 특성 중 순종하는 성향이 목회자리더십에 미치는 영향에 대한 의구심을 가지고 연구를 시작하였다. 하나님은 "너는 마음을 다하고 성품을 다하고 힘을 다하여 네 하나님 여호와를 사랑하라"(신 6:5)고 말씀하신다. 특히 순종하는 사람은 들어가도 복을 받고 나가도 복을 받는다는 성경말씀처럼 하나님은 순종하는 성품의 성도에게 복을 주시지만 막상 성도들은 약속의 말씀을 믿으면서도 실제 삶에 순종하는 것이 참으로 힘들다는 것을 항상 체험하게 된다.

그렇다면 우리가 벤치마킹(benchmarking)해야 할 순종의 모습은 어떤 것일까? 저자는 바로 그것이 자신을 낮추시고 죽기까지 순종하시는 예수님의 순종하는 성품이라고 판단하였다. 따라서 저자는 '순종이 제사보다 낫다'는 성경말씀을 읽으면서 만인제사장이며 평신도인 성도들이 목회자에게 순종을 잘 하는 성향에 따라 그의 일상생활이나 교회생활에서의 태도도 긍정적으로 반응할 것으로 가정하면서 본 연구를 시작하게 된 것이다.

이 책에서는 21세기 목회자들에게 바람직한 리더십의 모델로써 모든 목회자의 역할모델(role model)인 예수그리스도의 리더십을 제시하고 성도들에게는 예수그리스도의 순종하는 성품을 바람직한 추종자의 모델로 제시하고자 하였다. 변혁적 및 거래적 리더십 이론(Bass, 1985)과 Choi(1995)의 자기희생적 리더십이론을 토대로 연구모형과 가설을 설정하였다. 이 책에서는 목회자에게 영적 리더십(spiritual leadership)은 기본적인 목회조건이며 이미 신학분야에서 영적 리더십에 대해서 많은 연구들이 수행되었기 때문에 본 목회자리더십모델에 포함하지 않았음을 밝힌다. 또한 순종하는 성도일수록 목회자리더십에 긍정적으로 반응할 것으로 가정하고 전국 50여개 341명의 성도들을 순종성향에 따라 구분하여 연구하였다.

연구결과 목회자의 리더십행위(카리스마, 개별배려, 지적자극, 자기희생, 상황보상)중 카리스마, 개별배려, 상황보상은 성도들의 조직시민행동에, 그리고 카리스마와 지적자극, 그리고 자기희생은 목회자에 대한 정통성 지각에 각각 긍정적인 영향을 미치는 것을 발견하였다.

또한 교회조직에서 순종형 성도는 불순종형 성도에 비하여 목회자의 카리스마, 지적자극 행위에 긍정적인 영향을 더 많이 받아서 주위의 교회성도들을 돕고 교회의 발전을 위해서 자신의 수고를 아끼지 않는 조직시민행동을 더 많이 하는 것을 발견하였다. 또한 이들은 목회자의 카리스마, 개별배려, 지적자극, 상황보상 행위에 대해서도 목회자에게 정통성을 더 많이 부여하는 것으로 나타났다.

결론적으로 목회자들이 성도들에게 올바른 신앙생활을 지도하기 위해서는 성도들을 내부에서부터 변화시키는 변혁적 리더십과 예수의 희생이 바탕이 된 자기희생적 리더십의 자질 등을 갖추도록 노력하면서 거래적 리더십도 병용할 필요가 있다는 것을 확인할 수 있었다. 또한 목회자들은 교회를 구성하고 있는 성도의 특징을 잘 파악하여 성도의 특징에 따라 적절한 상담과 지도를 통하여 성도들을 긍정적 방향으로 보살피며 이끌어 나가는 것이 목회활동에 도움이 될 것으로 판단된다. 그러므로 목회자는 교회조직에서의 성도의 중요성을 인식하고 영적 리더십뿐만 아니라 목회활동에 효과적인 리더십 개발을 위해 좋은 리더십 개발 프로그램을 도입하여 교육을 받거나 이에 대한 관심을 높이고 적극적으로 개인의 시간과 노력을 투입하여야 하는 것이 바람직할 것이다.

저자는 이 땅의 부족하고 나약한 기독교인으로서 멀리서나 가까이서나 수많은 목회자들을 대할 때마다 목회자에 대한 표현할 수 없는 존경심을 느낀다. 눈으로 보이는 세상의 영리를 목적으로 하지 않고 무엇과도 바꿀 수 없는 고귀한 영혼들과 조직(교회)을 위해서 밤낮으로 기도하며, 남녀노소 빈부귀천의 구분이 없이 교회를 구성하고 있는 양떼(성도)를 이끌어주시고, 관리하고, 경영하며, 위에 계신 하나님을 섬기는 이 땅의 목회자들을 진심으로 존경하기에 이 책을 바친다.

지금까지 사랑해주시는 하나님께 모든 영광과 감사를 올린다.

마지막으로 저자의 신앙생활에 길을 잃지 않도록 등불이 되어주시는 명성교회 김삼환 목사님께도 존경과 사랑의 표시로 이 책을 바친다.

저자 서정하 씀

2006년 4월

목 차

표 목차

그림 목차

제1장 서 론

제1절 문제제기 및 연구의 목적

현재 한국교회조직은 교회의 외적인 성장 즉, 대형화 추세와 평신도 참여기회의 확대 등의 새로운 조류에 동참하고는 있지만 교회에 대한 성도들의 몰입(충성심)은 점차 약해져서 현재 소속된 교회를 떠나 다른 종교조직 혹은 다른 교회로 옮겨가고 있는 성도들의 이탈현상이 많이 나타나고 있다. 과거에 농경문화를 전제하는 사회집단에서는 목회에 대한 존경과 성직자의 위상이 확고하였으나, 21세기에 들어서면서 목회와 목회자에 대한 절대적인 존경이 사라져 가고 있다.

이러한 21세기의 교회조직을 둘러싼 상황하에서는 목회자의 영적인 자질뿐만 아니라 효과적으로 목회활동을 하는 데 필요한 바람직한 형태의 리더십이 절실히 요구되고 있다. 현재 한국교회가 겪고 있는 성도들의 탈교회 현상은 근대화 과정에서의 문제점과 더불어 여러 가지 이유(성도들의 가치관 혼란, 탈도덕적 현상, 편리, 안락, 및 쾌락추구)때문에 더욱 심화되고 있음을 부인할 수는 없다. 그러나 본 연구자는 교회의 조직적인 교계제도 안에서 핵심적인 위치를 차지하는 목회자의 리더십에 의해 교회가 당면한 많은 문제점들이 개선될 수도 있음을 기대하고 있다.

1990년대 초부터 경영학 부문에서의 주요 관심주제인 리더십 연구의 대부분이 2차 집단인 정치, 군사, 경영, 행정 분야 및 영리조직에서의 관리자들만을 대상으로 치중되어 진행되어 왔다. 그러나 비영리조직(자선단체, 서비스 조직, 종교단체 등)에서의 리더십 연구는 미비한 정도를 벗어나지 못하였다. 비영리 조직을 대상으로 한 이와 같은 불균형적인 리더십 연구는 영리조직을 대상으로 개발된 일반론적인 리더십이론을 비영리조직에 적용하는 문제와 연구자료 접근에 한계가 있었기 때문이라고 생각한다. 그러나 무엇보다 가장 큰 이유는 리더십 연구자들이 종교조직에서의 리더십의 중요성을 그리 중시하지 않으며 종교인들은 종교인 나름대로 사회과학의 다양한 이론, 방법론, 경영의 원리를 종교단체에 적용하기를 주저하였기 때문이다. 경영이 비윤리적이며 오로지 이윤의 극대화만 추구한다는 종교인들의 생각은 '실제 세상'에 대한 잘못된 이해이며 스스로를 고립시키는 행위라고 할 수 있다. 오히려 경영에 대하여 비판적인 종교인들은 원래 경영이라는 단어는 성경에 기록되어 있는 '청지기의 개념'이며 이 청지기 정신은 '하나님이 주신 손과 재능으로 최선을 다하여 필요를 채우고 다른 이들을 구제'하는 경영을 의미한다는 것을 인정해야 한다.

기존의 대표적인 교회 목회자 리더십에 관한 기존의 연구들을 살펴보면 연구대상이 목회자에게 편중되어 있거나 성경적인 리더십, 혹은 목회자의 리더십행위와 효과간의 상관관계연구에 치중하였음을 볼 수 있다. 또한 교회조직에서는 목회자에 대한 관심에 비해 교회조직을 실제적으로 구성하고 운영해 나가는 추종자(성도)에 대한 연구는 상대적으로 소홀하여 성도를 목회자 리더십에 반응하는 수동적인 존재로만 간주하고 직접적인 연구는 하지 않았음도 볼 수 있다. 더군다나 교회조직의 추종자 특징의 매개 혹은 조절역할을 조사한 연구나 추종자 특징의 조절역할에 대한 연구는 거의 수행되지 않았음을 알게 되었다.

따라서 본 연구는 교회조직에서의 리더인 목회자를 위하여 21세기 목회자 리더십을 모색하는 것뿐만 아니라 목회자와 더불어 교회조직의 중추적인 역할을 하는 추종자 즉, 성도를 연구하는 것이 목적이다. 변화의 소용돌이 속에 살아가는 이 시대의 목회자들은 과거의 구시대적이고 권위주의적인 리더십 스타일보다는 새로운 시대적 요구와 성도들의 욕구에 부응하는 최상의 리더십으로 성도들을 이끌어 가는 것이 무엇보다 중요할 것이다.

그러므로 본 연구는 특성이론에서 행동이론으로, 행동이론에서 상황이론으로, 그리고 상황이론에서 변혁적 리더십 이론으로 나아가고 있는 리더십 이론의 학문적 추이와 성경에 나타난 예수의 리더십행위를 고려하여 Bass(1985)의 변혁적 및 거래적 리더십이론과 Choi(1995)의 자기희생적 리더십이론을 목회자리더십 모델에 사용하였다.

본 연구에서 변혁적 리더십(카리스마, 개별배려, 지적자극)을 목회자리더십연구에 사용한 이유는 가장 큰 이유는 목회자들은 리더와 추종자간의 거래관계와 교환행위를 강조하는 전통적인 거래적 리더십만으로는 21세기 목회환경의 불확실성과 급속한 변화에 대처하며 성도들이 기대하는 신앙의 성과를 이끌기 어려워졌다고 판단하였기 때문이다.

기독교는 예수 그리스도를 믿는 추종자들이 원죄인의 삶에서 변화되어 이웃에게 선한 일을 행하고 실천하며 예수와 같이 성스러운 삶을 영위하려는 것과 변화의 과정 자체를 중시하는 종교이다. 성경 속의 많은 인물들 중 모세는 시내 산(Mountain Sinai)에서 그 모습이 변화된 후에야 이스라엘 민족을 가나안 땅으로 인도하는 임무를 완수하였고(구약성경 출애굽기 35:29-35) 예수도 선지자 세례 요한으로부터 물로 세례를 받은 후 이전의 인간 예수의 삶에서 변화하여 인류의 구원자로서의 메시야 사역을 시작하였음을 볼 수 있다(신약성경 마태복음 4:13-17). 또한 비천하고 낮은 어부의 삶을 살던 예수의 12명의 제자들과 사도 바울(신약성경 사도행전 9:1-22) 등의 인물들이 예수를 만남으로 인하여 순교를 두려워하지 않는 정신으로 예수를 믿는 믿음의 증거자가 되어 일생을 살았음을 볼 수 있다. 이러한 성서적 배경에 근거하여 본 연구자는 교회조직을 구성하고 있는 성도들의 작은 일상적 행동뿐만 아니라 성도들의 근본적인 가치관을 변화시킴으로써 성도들이 바라고 추구하는 신앙적인 욕구와 비전을 정확히 파악하고 보다 높은 차원의 욕구로 향상시키며 달성하도록 변혁시키는 변혁적 리더십이 목회자 리더십에 바람직하다고 판단하였다.

본 연구모델에서 목회자의 리더십행위로써 변혁적 리더십행위뿐만 아니라 거래적 리더십행위인 상황보상 행위를 포함한 것은 상황보상행위가 변혁적 리더십과 비교하여 열등한 리더십만은 아니며 변혁적 행위와 결합할 경우 충분히 시너지(synergy)효과를 얻을 수 있다는 Bass(1985)의 주장에 근거하였다. 또한 리더십이란 리더-추종자 간의 상호교환 속에 이루어지는 서로간의 감정적 교류(emotional attach)가 기본이 되므로 변혁적 리더십 외에도 거래적 리더십 또한 중시해야 한다는 Hollander(1992)의 주장에 근거하였다. 본 연구에서는 거래적 리더십행위인 예외관리(management by exception)에 대한 기존의 연구결과가 일관성이 없었기 때문에 예외관리 영역은 제외하였다.

본 연구에서는 목회자리더십 모델에 Choi(1995)의 자기희생적 리더십행위를 포함하였는데 이는 기독교 목회자들과 성도들은 예수 그리스도의 변혁적인 리더십행위 외에도 목숨을 희생하면서 인류의 죄를 구원한 자기희생적 리더십행위를 최고의 목회자리더십모델로 삼고 있으며 예수를 닮고자 실천하는 목회자의 자기희생행위는 성도들로 하여금 근본적으로 변혁을 일으키고 교회조직의 발전을 위해서 중요한 계기가 될 수 있다고 판단하였기 때문이다.

본 연구에서는 리더에 대한 연구뿐만 아니라 리더십에 영향을 미치는 추종자 자체에 대한 연구를 하고자 한다. 교회조직의 추종자를 지칭하는 용어로는 신도, 신자, 성도 등이 있으나 본 연구에서는 성도로 통일하여 명명하기로 한다. 추종자 특징(예: 성취지향성, 자긍심, 책임감, 솔선수범, 도전성 등)이 리더 유형에 대한 추종자의 반응에 조절 역할을 할 것이라는 Ehrhart & Klein(2001)의 상황이론적(예를 들어 Fiedler, 1964) 주장에 따라 본 연구에서는 Kelley(1994)의 팔로워십 이론에서 사용한 독립－비판성향(independent critical thinking) 차원을 추종자 특징으로 정의하고 이의 조절효과를 실증적으로 연구하고자 한다.

따라서 본 연구는 기존의 리더십 분야에서 소외되었던 비영리교회조직에서의 목회자의 리더십행위의 효과는 조직효과성 변수와 직접적인 관계를 맺음으로써 결정될 뿐만 아니라, 성도들의 독립－비판성향이 조절작용을 함으로써 독립－비판성향이 높은 성도와 낮은 성도간의 리더십 효과에 차이가 있을 것으로 기대한다. 본 연구는 한국 기독교 목회자들의 변혁적 리더십행위(카리스마, 개별적 배려, 지적 자극), 자기희생행위, 거래적 리더십행위(상황보상)들이 성도들의 조직시민행동, 정통성 지각에 미치는 효과와 추종자 특징 (독립 – 비판성향)의 조절효과를 실증적으로 연구하는데 목적이 있다.

제2절 연구의 방법과 구성

본 연구는 기독교 목회자의 리더십행위와 성도들의 반응을 분석하기 위하여 먼저 국내외 문헌조사를 실시하였다. 이와 더불어 설문조사를 실시하여 그 결과를 통계적으로 분석(statistical survey)해서 가설을 검정하는 실증연구방식(empirical methodology)으로 전개하였다.

먼저 2차 자료는 국내외 저서 및 대학교의 연구 논문, 기타 간행물 그리고 각종 신문, 잡지 등의 문헌 연구에 의하여 국내외 리더십 이론, 목회자 리더십과 팔로워십 이론을 조사하였다. 1차 자료 수집은 survey 조사 중 가장 일반적인 비확률 표본추출법으로서 단 1회의 조사를 통해 정보를 수집하는 횡단 조사(cross-sectional study) 방법을 이용하였다(이학식, 2001). 설문지는 응답자의 동의 정도를 질문하는 리커트(Likert) 척도를 사용한 질문으로 구성하였다.

모집단으로는 교파를 초월한 국내의 기독교(개신교) 교회성도들을 대상으로 하였다. 본 연구에서의 초점은 성도들의 추종자 특징(독립 – 비판성향)에 따라 담임목회자의 리더십행위에 대한 효과 (예: 조직시민행동, 정통성 지각)가 다를 것으로 가정하기 때문에 분석수준은 개인수준으로 진행되었다. 단, 설문의 특성상 현재 출석하고 있는 교회에 출석기간이 1년 미만인 응답자들의 설문지는 자료로서 적합하지 않다고 판단하여 폐기하였다.

샘플대상은 전국 60여개의 개신교 교회의 일반성도 690명이며 응답자에게 설문지를 작성하도록 한 후 회수하여 SPSS for Windows 10.0 패키지를 활용하여 실증분석을 실시하였다. 총 636부가 회수되어 92.2%의 회수율을 보였으며 이중 결측값이 있는 설문지와 무성의한 응답자의 설문지(예를 들어, 모든 설문문항의 점수가 5점 혹은 3점으로 표시된 응답)를 제외하고 실제 분석에 사용한 설문지는 총 341부였다.

설문지는 세 부분으로 구성되어 있는데, 첫 부분은 응답자에게 응답자가 현재까지 1년 이상 출석하고 있는 교회의 담임목회자를 연상하도록 요구하고 그 목회자의 리더십행위에 대한 39개의 질문에 답하게 하였다. 두 번째 부분은 응답자인 성도의 추종자 특징에 대한 질문으로서 Kelley(1994)의 팔로워십 이론에서 사용된 독립-비판성향에 대한 질문 10개로 구성하였다. 마지막 부분은 인구통계적 질문 9개 문항으로 구성하여 총 58개의 질문으로 본 연구의 설문조사를 실시하였다.

본 설문작업에 앞서 2003년 4월에 5개 교회(예: 장로교, 침례교, 성결교 등)의 74명 성도들을 대상으로 사전조사(pilot test)를 실시하여 기술통계, 요인분석, 타당도 및 신뢰성 분석 등을 수행하였다. 사전조사 결과 각 변수들의 신뢰성 분석결과 8개 요인 모두 0.7 이상으로 나타났으며, 8개 변수들의 주요인분석결과도 양호한 수준으로 나타나서 사전조사에서 사용한 측정도구들을 본 분석에 사용하였다.

2003년 7월 10일부터 8월 10일 한 달간 실시한 본 설문분석

결과를 가지고 응답자의 현황을 알아보기 위한 빈도분석, 기술통계, 신뢰성 분석, 측정도구의 타당성 검증을 위한 요인분석, 변수들 간의 상관관계분석 등을 수행하였다. 그리고 상호작용효과 및 추종자의 독립-비판성향의 조절효과를 알아보기 위하여 조절회귀분석을 실시하였다.

제2장 목회자 리더십

제1절 한국교회의 역사적 발전 및 배경

2003년 현재 한국의 기독교 교회의 수는 약 5만개이며 현재 우리나라는 약 1200만 명의 기독교인이 남한 인구의 4분의 1을 차지하며전 세계에서 '기독교 국가' 중의 하나로 간주되고 있고(Suh, 1996) 세계적으로 관심을 받고 있고 있는데 이는 한국교회가 기독교 전파역사에 비해서 교회와 교인의 수적인 성장이 상대적으로 빠르게 성장하였기 때문이다.

1950년 당시 전국적으로 60만 명의 교인을 가지고 있었던 기독교는 근대 한국 사회의 발전에 크게 기여하며 한국의 문화, 역사, 교육, 사회, 정치적 요인들로 말미암아 성장을 거듭하였다. 수많은 기독교인들의 사회적인 활동과 참여, 일제시대에 일본에 항거한 항일독립운동, 외국선교사들에 의한 현대교육기관, 의료선교기관, YMCA 및 사회봉사단체들은 한국 기독교 전파에 큰 공헌을 하였다. 뿐만 아니라 기독교는 봉건제도와 귀족정치제도의 몰락에도 큰 역할을 담당하였다(Ro, 1983). Shearer(1966)는 한국교회의 성장비결은 토지를 소유하고 있는 독립 자작농 혹은 자유농민과 밀접한 관계가 있어서 기독교를 받아들인 독립 자작농들이 자유로운 의사결정을 할 수 있도록 변화된 사회 체제 안에서 전통적인 계급신분에 대한 혁명을 일으켰다고 주장하였다.

위의 여러 가지 배경 외에도 한국교회의 근본적인 성장 비결은 1) 해외 선교사들에 의하여 신앙의 좋은 씨가 뿌려졌고 2) 선교사들의 순교에 의하여 교인들의 신앙이 더욱 깊어졌으며 3) 한국인들 자체가 종교적으로 잘 훈련된(김유민, 1999) 선교의 좋은 도구(instruments)로서의 자질을 가지고 있고 4) 종교적인 성향이 많은 국민이며 5) 국토가 좁은 반면 인구가 많고 6) 정치, 사회, 경제 환경으로 인하여 국민들이 전도사(선교사)와 기독교 교회에 자연스럽게 의존하게 되었으며 7)하나님의 섭리 자체가 위대했기 때문이라고 한다(Park, 1984). 특히 한국의 샤머니즘(Shamanism)은 기독교의 하나님에 대한 공통된 세계관과 관점을 공유하고 있으며 샤머니즘의 예언자(prophet), 치료자(healer), 중재자(priest)의 세 가지 기능은 예수의 삼위일체와 동일하게 인식되어 기독교 성장에 큰 역할을 하였다. 다른 성장요인으로는 급속한 복음전도에 밑거름이 된 한글보급과 여성의 지위향상, 단일민족, 단일어 사용 등이 있다.

또한 가부장적인 가장중심의 전통적인 가족체제로 인하여 가족구성원들 중 가장 영향력이 있는 남자가장이 기독교인이 되면 나머지 가족 구성원들도 거의 반대 없이 기독교인이 되는 한국만의 독특한 한국의 가족구성체계도 중요한 성장요인이라고 할 수 있다(Paik, 1971). 이와 같이 한국에서의 급격한 교회성장은 위에서 언급한 다양한 한국의 문화, 사회, 심리, 역사, 종교적 요인들의 복합적인 결과라고 할 수 있겠다.

서구 식민지의 종교라는 인식 때문에 기독교가 성장할 수 없었던 인도나 중국 등에 비해 한국에서는 위에서 언급한 일련의 기독교 조직의 사회활동과 일제시대의 민족주의, 근대성과의 연관이 있었다는 인식 때문에 그 성장의 기반을 빠르고 확고하게 다질

수 있었다(홍영기, 2003).

1970년대부터 시작된 유신체제에 대항하는 진보교회의 유기적인 민주화 운동과 1980년대의 광주항쟁에 대한 정부의 탄압과 정부의 종교탄압(주일국가고시 실시나 단군상 건립 계획 등)에 대한 보수 복음주의 기독교인들의 기도회 개최나 성명서 발표 등의 사회 참여 또한 개신교의 전파에 큰 공헌을 하였다. 1987년 6.29선언 이후 한국 개신교는 독재정권에 대항하여 민주화 운동에 앞장섰으며 사회봉사에 적극적으로 앞장서 왔다. 개신교회의 정치 참여도 90년대 들어와서 본격적으로 두각을 나타내었다. 일부 기독교인들의 대통령, 국회의원 선거에서 공명 선거운동을 주도하였고 정치에서 개신교의 효용 가치가 증가함에 따라 선거에서 교회의 힘은 간과하지 못하게 될 정도가 되었다. 16대 국회에서 개신교 의원의 비율은 40%, 가톨릭을 포함한 기독교 의원은 65%나 될 정도로 기독교의 정치영역에서의 힘은 점차 증대되어왔다. 이와 같이 한국교회는 교회가 직접적으로 사회적인 통합에 공헌하고 성도들에게 민주적인 정신을 함양시켜서 중요한 역할을 담당하게 함으로써 수동적인 사회통합만이 존재하는 불교, 유교, 도교보다 기독교가 더 인기와 신뢰를 얻게 되었던 것이다(Yang, 1987).

그러나, 1990년대 중반 이후부터 한국 개신교(기독교)인의 수가 조금씩 감소하고 있는 것으로 나타난다. 최근 통계청에서 발표한 1999년 한국의 사회지표 조사 결과에서 보면 1990년대 들어와 정체 현상을 보이다가 95년경부터 조금씩 감소하기 시작하였다. 95년 당시 전체 인구의 19.6%였던 개신교는 99년에 18.6%로 약 1% 감소한 것으로 나타나는데 이는 약 46만 명의 인구가 개신교를 이탈한 것으로 추정된다. 반면에 불교 인구비율은 1985년

19.9%에서 1995년 23.2%, 1999년 26.3%로 증가하였고, 천주
교도 1985년 4.6%에서 1995년 6.6%, 1999년 7%로 소폭 증가
해 기독교와 대조를 보인다. 이 조사에 의하면 개신교는 다른 종교
에 비해서 대도시권, 젊은 층, 고학력층에서 더 강세를 보이고 있
는 것으로 나타난다.

개신교가 양적으로 감소하고 있는 이유에 대해서는 다각적인 분
석이 가능하지만 초창기 한국 개신교의 급속한 성장의 발판이었던
상황적인 요소들은 더 이상 작용하지 않기 때문으로 판단된다. 또한
종교적 다원주의, 사회적 유동성, 기독교인들의 경제적인 번영, 정치
적이고 사회적인 안정, 불교의 성장, 여가 활동의 증가 등과 같은 새
로운 상황들이 한국 교회의 성장에 부정적인 영향을 미치고 있다.
가장 많은 성도 층인 중산층을 사로잡는 물질주의와 세속주의가 한
국 교회 안에 강하게 작용하고 있는 것도 기독교인 감소의 또 다른
원인으로 판단된다(홍영기, 2003).

제2절 교회조직의 리더십과 팔로워십

1. 교회조직의 추종자

조용기 목사(2003)는 교회성장의 요인들로써 1) 설교중심, 2)
기도중심, 3) 성령으로 부흥된 교회, 4) 평신도(성도)와의 연합 등
을 중시하면서 목회자의 영적/비전제시형 리더십과 더불어 성도의
중요성을 강조하였다. 21세기의 목회자는 고향을 잃어버린 대도시

의 성도들에게 '고향'의 역할을 제공해주며 관계적(relational) 관계를 유지하도록 힘써야 한다고 강조하였다. 또한 대형교회의 목회자의 경우 일일이 심방을 할 수 없는 수많은 성도들과 인터넷 등의 전자정보통신기기를 통한 커뮤니케이션을 함으로써 성도들에게 자신의 감정과 의견을 표현하고 적극적으로 참여하도록 대화의 문을 열어주는 것이 매우 중요하다고 역설하였다(조용기, 2003).

초대 교회 당시에는 오늘과 같은 성직 계급과 평신도와의 이원화된 현상을 찾아볼 수 없었다. 초대 교회에는 은사를 받은 사람들, 사도들, 선지자들, 목사들, 교사들이 자연 발생적으로 목회를 담당하고 있었다. 교회가 성장하고 발전해 감에 따라 교회 운영과 조직의 필요성이 대두되어 교회에는 감독들(episkopoi), 장로들(presbuteroi), 그리고 집사들(diskonoi)들이 나타나 세분화된 목회직을 수행하였다. 이와 같은 목회직의 변천 과정에서 교회에는 교원제도가 강화되어 성직자와 평신도를 두 계급으로 구분하는 신성불가침의 영역으로 등장하였다. 여기에서 초대 교회의 공동 목회의 유산과 개념이 무산되었고 평신도는 그리스도의 목회로부터 소외되어, 오히려 목회를 독점한 성직자들에 의존되어 피동적이며 무기력한 계층으로 전락되었다(은준관, 1988).

교회에서 교권주의의 영향으로 성직자와 평신도의 양분화된 현상이 수세기 동안 지속해 오던 중 16세기 Luther의 종교개혁에 의하여 새로운 교회의 이해가 나타나기 시작하였다. 그는 교회를 '성도의 교제(communio sanctorum)'로서 복음이 바르게 선포되고 성례전이 올바르게 집행되는 코이노니아 공동체로 정의하였다. 동시에 그는 만인 제사장론을 주장하여 모든 그리스도인들은 제사장, 주교, 교황으로 봉헌되었으며, 실제로 직무의 차이를 제외하고

서는 성직과 평신도 사이에 아무런 구분이 있을 수 없다는 것을 강조하였다(Kraemer, 1958). 이로 인하여 교회에는 성직자와 평신도 사이의 구분이 사라지고 모든 성도들은 신앙 안에서 '성도의 교제'를 통하여 '만인 제사장'의 동등한 자리를 설정하게 되었다.

20세기에 들어와서는 제2차 세계대전 이후 유럽 교회, 특히 카톨릭 교회를 중심으로 평신도의 중요성과 그 위치를 재해석하려는 신학 운동이 다시 태동하기 시작했다(은준관, 1988). 예를 들어 독일과 유럽에서의 복음주의적 아카데미 운동은 평신도의 자기 운동이었으며, 평신도 신학 형성에 중요한 영향으로 작용하였다. 이와 때를 같이하여 한국에서는 이호빈 목사가 평신도 지도자를 양성하기 위하여 1946년 '중앙신학교'를 설립하였다. 1950년대 초 한국을 방문한 에밀 부르너가 이호빈으로부터 평신도 신학을 체계화하였다.

오늘날 교회와 사회는 평신도의 다양한 역할과 기능을 요구하고 있기에, 모든 평신도가 함께 참여하여야 할 평신도 목회의 중요성이 대두되고 있다. 평신도 목회는 궁극적으로 하나님의 선교에 참여하여 희생과 봉사로 하나님과 세상을 섬기는 선교적인 사역임을 의미한다(Kraemer, 1958).

평신도 신학은 1970년대 초반까지 가톨릭과 세계교회 협의회(WCC)를 중심으로 연구되어 왔다. 그러나 1973년 스위스 로잔에서 열린 세계복음주의회의부터 복음주의 진영에서도 평신도 신학에 대해 본격적인 연구를 시작하였다. 1973년 로잔대회는 평신도의 잠재력을 인식하면서 "목회자와 평신도 사이에 어떤 계급적 차별은 없으며 모든 성도가 예수 그리스도에 의해 세상으로 보냄을 받았고 이 땅에서 증인되는 책임이 있다"고 선언하였다.

이후 1989년 필리핀 마닐라에서 열린 대회에서 피트 하먼드는 "교회가 평신도 사역을 제한하고 있으며 교회 구조는 평신도가 해야 할 일을 제한해선 안 된다"고 지적하였다. 이에 따라 그는 교회 사역이 목회자에 의존되어서는 안 되며 평신도들은 적극적으로 세계복음화를 위해 헌신토록 해야 한다고 제안하였다.

연동교회 이성희 목사(2003년 6월 24일자 국민일보)는 과거 목회에서 평신도는 목회자와 종속적 관계에서 협력자였으나 미래 목회는 동등한 관계에서의 동역자가 될 것으로 전망하였다. 또한 목회자가 모든 일에 전문가가 될 수 없다는 현실적 제한을 인정하고 다양한 전문적 특성을 가진 평신도를 선교의 안정적 주체로 세우고 하나님 나라를 이루는 일에 적극 참여할 수 있도록 여건을 확립해야 한다고 강조하였다. 결론적으로 교회는 성직자와 평신도라는 구조보다 은사 중심의 역할과 사역 분담의 구조로 전환되어야 하며 교역자와 함께 복음 증거자로, 사회변혁자로 설 수 있도록 능동적인 위치를 부여해야 한다고 강조하였다.

2. 교회조직의 특징과 추종자 특징

인간은 태어나면서부터 자의건 타의건 간에 효율성을 위해 분업을 통한 생산 활동을 하며 조직을 이루며 조직 속에 묻혀서 조직과 함께 생활하고 있다. 인간이 수 세기에 걸쳐 만들어 온 조직들 중 종교조직인 교회조직은 조직의 구성원들이 조직목표와는 무관하게 개개인의 신앙적인 목적을 달성하기 위해서 자치적으로 형성된 비공식 집단(informal group)의 성격을 가진 공식집단(formal group)이며 구성원에게 가치판단과 행동의 기준을 제공하는 준거집단(reference group)의 특성도 가지고 있다. 그러나 교회조직은 예수 그리스도를 믿는 신앙을 토대로 두 사람 이상의 성도들이 모여 교회조직내부 및 외부의 사람들과 자유로운 의사소통과 상호교류를 하고(interaction), 신앙생활이라는 공동의 목표를 추구하며(collective goals), 교회 내에서 각기 분담된 역할과 신분을 서로 알고 있으며(common identity), 신앙인으로서의 공통규범, 가치관, 행동양식 등을 서로 공유하는 (collective norms) 공식집단(formal group)의 구성요소를 가지고 있는 매우 독특한 조직이다.

일반적인 조직의 구성원(추종자)들은 그들의 정당한 노동력의 대가를 바라고 그 조직의 일원으로서 리더의 리더십에 순종해야 하며 그 조직은 조직자체의 목표를 성취하기 위하여 조직이 원하는 일원을 선발하여 목표를 달성한다. 그러나 교회조직은 남녀노소, 빈부귀천, 학력고하의 성도들이 모여 있는 다양한 구성원들로 이루어진 비영리조직이기 때문에 목회자에게는 어디에 초점을 맞추어 리더십을 나타내느냐 하는 것이 중요하다.

기업에서는 카리스마 혹은 변혁적 리더의 추종자들이 자발적으로 리더를 선택하거나 어떤 부서에 소속할 수는 없지만 이와는 반대로 종교조직에서의 추종자들은 자의에 의하여 그들의 정치, 혹은 종교 리더를 선택할 수 있는 자유가 있다(Conger & Hunt, 1999). 비영리조직의 추종자들은 자의에 의해서 리더를 선택하며 조직 내 추종자의 역할을 감당하는 사람들인 것이다. 즉, 기업에서는 추종자들은 이미 자신들의 위치에 있는 상태이고 이러한 곳에 리더가 상사로 고용되거나 승진으로 인한 배치를 받아 리더의 자격으로 오는 것이 대부분이기 때문에 기업 혹은 영리조직에서의 추종자들은 누가 그들을 이끄느냐를 선택할 자유가 없지만(Conger & Hunt, 1999), 교회는 성도(추종자)들이 목회자(리더)를 선택하여 교회를 다니며 신앙생활을 영위한다는 사실이 일반조직과의 차이점이라고 할 수 있다.

교회조직의 특징을 살펴보면 다음과 같다(조준래, 1996).

① 교회는 다양한 지체들이 분담된 역동적인 기능을 통하여 변화되고 성장하는 살아있는 유기적인 조직체이다. 따라서 교회의 본질은 결코 정적인 것으로 표현될 수 없고, 그것이 교회가 지향해 가는 의미로 정의를 내릴 수 없다.

② 교회는 '그리스도의 몸'으로서의 교회는 예수 그리스도 안에서 하나님의 생명을 함께 나누고 있다는 의미에서 '영적친교'인 koinonia(코이노니아)의 속성을 나타낸다. 그리스도 안에서 하나님과의 인격적인 관계를 통하여 성도들이 공동참여, 공동신앙생활을 영위하게 된다. 그리고 이와 같은 인격적 관계, 즉 '코이노니아'는 교회의 연합과 통일을 이루게 하며 기독교 신앙의 핵심이자 종교적 신앙 경험이 된다.

③ 교회의 목적은 하나님의 아가페(agape)를 선포하는 일이다. 따라서 교회구성원인 성도들은 아가페적 사랑을 통하여 교회의 조화된 관계성과 서로의 영혼을 돌보는 깊이 있는 교제, 진정한 예배, 그리고 생명과 소유를 함께 나누는 교회의 본질적인 기능을 구체적으로 표현하게 된다.

교회조직의 특징을 구성원들의 정신에 존재하며 구성원들의 사고방식과 가치관을 구성하면서 의사결정, 가치판단, 행동을 좌우하는 조직문화(임창희, 2001)면에서 살펴보면 다음과 같다. 첫째, 교회조직의 문화가 모든 성도들 사이에 공유되고, 둘째, 성도들 사이에서는 공통적이지만 다른 조직의 것과는 다른 절대적인 존재인 신

(god)에 대한 '신앙'이라는 아주 독특한 특성이 있고, 셋째, 예수 그리스도의 부활이후 초대교회부터 내려온 교회문화의 특성이 꾸준히 지속되며 넷째, 조직 문화를 이루는 구성요소인 신념(예, 절대적인 신에 대한 순종적인 태도)이 조직 내 성도들에게 공통적으로 퍼져 있고 그 신념을 중심으로 구성원들이 응집되어 이데올로기와 같아지는 특성(예, 종교단체의 신념)이 있다(Boudon & Bourricaud, 1986). 또한 세례식, 성찬식, 예배 등의 교회예식이나 교회의식과 같이 조직내의 어떤 행사나 행동이 성경에 명시된 규정과 관습에 따라서 특별한 상징적 의미를 지닌 채 규칙적으로 지켜지는 특징이 있다. 이것을 의례(rites) 혹은 특별한 공개행사를 의식(rituals: 예식)이라고 하는데 특히 종교조직에서 찾아 볼 수 있다.

이러한 조직문화적 특징에서 보면 교회는 강한 문화(strong culture)의 특징(Thompson, 1967; Pfeffer, 1982)을 가지고 있다고 할 수 있다. 조직문화가 강하면 그것이 구조가 되고 규정이 되어 저절로 구성원을 관리해서 모두가 거기에 따를 것이므로 개별적으로 통제, 관리할 필요도 없고 별도의 행동지침 사항이나 내규를 만들어서 제시할 필요가 없게 된다. 문화가 강하면 너무 분명하게 틀을 맞추어야 되기 때문에 융통성이 거의 없게 되고 구성원들이 어떤 행동이 일단 현재 속해있는 조직문화에 맞는 행동이라고 생각되면 의심을 받거나 재검토되지 않은 채 계속 반복되고 심지어 의례의식으로 고정되어 버리는 경우도 있다.

3. 교회조직의 목회자 리더십과 추종자

교회조직, 목회자 및 그 구성원들에 대한 경영학 분야에서의 연구는 매우 부족하다고 할 수 있다. 목회자리더십에 관한 기존 연구들을 살펴보면 성경을 기본으로 한 문헌연구에 치중한 것이 대부분이다. 최근 들어 교회성장과 목회자의 리더십에 대한 관심이 증가하면서 신학에도 경영학적 접근방법이 도입되어 목회자 교육, 훈련, 개발 등에 대한 연구가 활발히 진행되고 있다.

외국의 경우 최근에 많은 목회자들이 기업조직으로부터 배운 많은 리더십 기술들을 교회에 이전하여 목회자리더십을 수행함으로써 근대 교회조직발전에 이바지하고 있다(Allen, 2003). 그러나 국내의 목회자리더십에 대한 연구들은 아직까지 특정 교회의 성장과 담임 목회자의 리더십과의 상관관계, 목회환경 변화에 따른 목회자리더십 개발, 교회리더십 교육의 성경문헌연구, 교회리더십과 상담과의 상관관계, 성서적인 목회리더십, 영적 리더십, 예수 그리스도의 리더십 연구 등에 국한되어 있다.

성경에 근거한 신학적인 리더십 연구이외에 경영학적 접근법을 도입한 목회자리더십 연구들로는 목회자의 영적 리더십에 대한 연구(Mutinda, 1991), 목회자 리더십에 대한 응답자의 인식의 차이를 밝힌 종단적(longitudinal) 연구(Buzzell, 1983), 신약성경에 근거하여 카리스마적 교회 리더십의 중요성과 개발에 대한 문헌연구를 실시하여 교회내의 카리스마적 리더십의 중요성을 강조한 연구(Smith, 1989) 등이 있다.

1990년대에 들어서면서 리더십 이론의 변화추세에 따라 기존의 영적인 목회자리더십 연구에 Hersey & Blanchard(1981)의 성숙도 이론을 도입하여 상황이론적 관점에서 연구한 Koessler (1992)는 효과적인 목회자는 변화하는 교회조직의 기대에 민감해야 하며 교회의 규모와 개인적 리더십 상황에 따라 이 기대는 변한다고 하였다. 그는 100-200명 성도의 교회는 개인차원의 리더십 특성에 초점을 맞추고 이보다 많은 성도를 가진 교회는 조직차원의 리더십에 초점을 맞춘다고 하였다. 또한 1만-1만2천 명의 성도가 있는 mega-church의 목회자들이 강한 리더십을 발휘할 때는 목회자의 성격이 그 교회 발전에 중요한 역할을 담당하고 비전과 에너지를 겸비한 목회자가 적극적으로 활동해서 발전한 교회에서는 그 목회자의 영향력이 더욱 커진다고 하였다. 이 연구는 교회조직의 추종자인 성도 개개인에 대한 구체적으로 연구가 아니라 성도들을 집단차원의 변수로 보고 성도의 수와 목회자의 리더십 스타일간의 관계를 조사한 연구이다.

또한 목회자리더십연구 분야에 일반 리더십 이론이 도입되었고 교회목회자들과 비영리조직의 CEO들을 동일시하였으며 기술, 문제해결, 계획, 위임, 변화에의 대응, 봉사, 영성 등을 효과적인 교회리더의 자질이라고 주장한 연구(Buttler & Herman, 1999)와 성경문헌 연구 외에도 경영학적인 실증연구를 도입한 연구(Chelliah, 2001), 교회 교육시스템을 이용하여 봉사적 리더십 개발을 주장하는 연구(Castro, 2000) 등이 있다.

이 밖에도 리더십 자기평가도구를 사용하여 목회자들을 대상으로 설문조사를 실시함으로써 5가지의 목회자리더십 유형(supportive, directive, bureaucratic, strategic, collaborative)을 조사한 연구(Parker, 2002), 교회 성장요인과 목회자, 교회 임원회, 감독자 수준에서의 교회리더십을 밝힌 연구(Bailey, 2002), 변화하는 목회환경에 필요한 4

가지 주요 리더십과제를 연구하여 비전확립, 변화주도, 커뮤니티 창조, 리더 개발을 중시한 연구(Farnworth, 2002) 등이 있다.

목회자리더십 분야에 Bass(1985)의 변혁적 리더십 이론을 도입한 대표적인 연구자로는 Bray(1991)가 있다. 그는 변혁적 리더십과 거래적 리더십 이론을 종교집단의 목회자와 성도들을 대상으로 연구하였으며, 성도들에게 성공적인 목회자와 성공적이지 못한 목회자에 대하여 리커트 척도에 표시하도록 하였다. 연구결과 목회자들은 변혁적인 목회자를 성공적이라고 응답한 반면, 성도들은 변혁적인 목회자를 성공적이지 못하다고 묘사하였다. 또한 기독교의 교육담당 목회자를 대상으로 한 변혁적 리더십에 대한 정성적인(qualitative) 연구로써 기독교의 교육담당 목회자들은 대부분 카리스마, 개별적 고려, 지적자극, 영적 동기유발 이라는 변혁적 리더십의 성향을 가지고 있음을 발견한 연구가 있다(Baldwin, 2000).

또한 MLQ를 사용하여 교회조직을 대상으로 변혁적 리더십을 연구한 Druskat(1994)의 연구는 카톨릭 성직자들의 변혁적 및 거래적 리더십행위를 6,359명의 카톨릭 남·여 성도들을 대상으로 응답빈도수로 측정하게 함으로써 카톨릭 성도들의 선호와 만족에 대해서 연구한 것인데 엄밀히 말하면 추종자 자체에 대한 연구는 아니었다. 국내의 이영희(2000)와 고찬근(1997)의 기독교 성직자들의 변혁적 및 거래적 리더십 효과에 관한 실증적 연구들 또한 성직자의 리더십행위의 결과변수로서 교회 성도들의 반응인 리더십 효과를 연구하였을 뿐 엄격히 말하면 추종자 자체에 대한 연구는 아니었다.

교회조직의 추종자연구로는 Freemesser & Kaplan(1976), Lodahl(1982), Galanter(1982) 등의 비영리조직을 대상으로 한 실

험실 연구가 있는데 이들은 카리스마적 정치지도자와 종교지도자들의 추종자들은 자기권능감(self-esteem)이 낮고, 우유부단(indecision) 하며, 위기상황에서의 인내심이 약하며(intolerance), 남을 도우려는 감성(feeling)이 높고, 보통사람들보다 심리적 스트레스를 더 많이 경험한다는 것을 발견하였다. 또한 사회적 지지 모델 이론(social support model)을 사용하여 종교적인 하부 스케일(religous sub-scale)인 신(God), 교회(congregation), 교회 리더십에 대한 성도들의 종교적 지지(religious support)를 측정한 연구(Fiala, Bjorck, & Gorsuch, 2002)가 있다. 이 연구에서는 성도들의 종교적 지지수준과 예배참석 간의 상관관계를 밝힌 것으로써 종교적 지지를 추종자 특징으로 보고 리더십이나 리더십 효과에 직접적인 영향을 미치는 선행변수로 연구하였을 뿐 리더십 효과에 간접적인 영향을 미치는 조절효과나 매개효과를 연구한 것은 아니었다.

제3절 목회자 리더십의 특징

1. 목회자 리더십과 예수의 리더십

목회자라는 말은 기독교 이외의 종교들, 곧 유대교나 이슬람교, 불교 또는 여타종교들에 있어서는 거의 찾아볼 수 없는 독특한 기독교적 용어이다(Oden, 1991). 목회라는 말은 목사의 '목'(牧: 칠 목, 기를 목, 다스릴 목, 맡을 목, 살필 목, 목장 목)자와 교회의 '회'(會: 모을회)자가 연결되어 "모임을 먹인다, 모임을 목한다"는 뜻을 가지고 있다. 독일어에서는 목회를 Seelsorge라고 하는데, 이는 "Seel(심령)"과 "Sorge(돌봄)"의 합성어로서 "심령을 돌보는 일"이라는 뜻이며, 목자가 양을 치는 것같이 목사가 하나님의 자녀들인 신자들을 진리로 가르치며 기르는 것을 의미한다(김병원, 1989).

문주일(1992)에 의하면 한국어의 목회자라는 말에는 영어의 Pastor, Minister, Bishop의 삼중적인 의미가 담겨있다고 한다. Pastor는 '목자'라는 뜻으로 교회와 양떼를 치는 사람이며, Minister는 '성찬을 집행하는 자'로서 성찬식에서 예수 그리스도의 삶과 피를 교인들에게 공급하는 '봉사자'이며, Bishop은 '교회, 곧 양떼를 인솔하여 다스리는 자'의 뜻이다.

Oden(1991)은'목회신학'에서 목회자란 "하나님과 교회로부터 부름 받아 안수식을 통하여 말씀을 선포하고, 성례전을 집행하며, 기독교 공동체를 하나님의 자기 노출에 전적으로 응답할 수 있도록 인도하고 양육하도록 따로 세워진, 예수 그리스도의 몸에 소속된 하나의 구성원"이라고 정의하였다.

Clinton(1989)에 의하면 목회자란 1)하나님의 능력을 받아 2)성도들에게 영향을 끼치라는 하나님의 사명을 가지고 3)하나님의 백성인 성도들을 하나님의 뜻대로 나아가게 하는 사람이라고 하였다. 따라서 목회자란 농업공동체 사회에서의 목자가 양을 기르고 보살피며 다스리듯이 예수 그리스도께서 세우신 교회에서 하나님의 자녀인 교인들을 지도하여 천국으로 인도하는 안내자인 동시에 봉사자인 것이다.

그렇다면 목회자 리더십은 무엇일까? 최근 리더십에 대한 논의들이 한국교회 안에서 많아지면서, 일부 목회자들은 오해와 반감을 갖고 교회리더십 연구자들이 하나님의 나라를 비즈니스처럼 생각하는 것을 비판하고 있다. 또한 교회조직에 경영마인드(business mind)를 도입한다는 식의 패러다임에 대하여 극단적으로 부정적인 시각을 갖는 목회자들이 있는 것도 사실이다. 그러나 이것은 '경영'이라는 말은 바로 성경에 기록되어 있는 '청지기의 개념'이지만 대부분의 사람들에게 일반 기업 경영의 영역에서 먼저 회자되어 온 것처럼 인식되고 있는 것에서 비롯된 것이다. 즉, 하루 벌어 하루를 사는 원시경제체제에서 7년 동안 곡식 일부분을 저장했다가 국가가 흉년에 방출하는 경영마인드로 세계최초로 국가가 관리하는 경제 개념을 도입한 창세기의 요셉(구약성경 창세기 41:46-57), 경영마인드가 없으면 집안이 망하게 된다고 경고하는 잠언(구약성경 잠언 6:6-11; 10:1-32), 그리고 신약의 예수의 달란트 비유(신약성경 마태복음 25:14-30) 등이 좋은 예가 될 수 있다. 따라서 경영마인드는 성경적인 단어이며 성경에서 말하는 청지기 정신은 하나님이 주신 손과 재능으로 최선을 다하여 필요를 채우고 다른 이들을 구제하는 경영을 의미하며 그것을 바로 거룩함이라고 할 수 있다.

사람을 잘 관리해서 최대의 이익을 남기는 효율화가 궁극적 목표인 일반 경영에서의 리더십과 목회자리더십이 본질적으로 현격한 차이가 있어 보이지만 어떤 면에서는 일반 기업에서 말하는 이윤추구의 측면과 교회가 추구하는 사람의 변화나 영적 구원의 측면에는 같은 부분이 있다.

일반 기업에서는 리더십을 발휘함으로써 그 조직 혹은 추종자들로 하여금 경제적/물질적 이윤을 많이 추구할 수 있도록 만드는 것인 반면 교회조직에서는 리더십을 발휘함으로써 교회 혹은 교인들로 하여금 하나님 앞에서 변화되고 또 많은 사람들을 주님께로 이끌 수 있도록 하는 것을 이윤추구라고 보기 때문이다.

일반 기업은 이윤 추구라는 목적을 가지고 있는 반면 교회는 그렇지 않아서 서로 간에는 중요한 차이가 있는 것 같지만, 인간경영이라는 측면에서는 이 둘은 공통적인 면이 있어서 성도들을 다루는 것의 문제인 목회자리더십과 일반 기업의 리더십은 공통적인 요소들이 많다고 할 수 있다. 즉, 교회는 신(神)적 기관인 동시에 인적 요소도 지닌 조직이므로 인간들이 모인 기구로서의 교회는 하나의 제도화된 조직으로서 리더십의 원리들을 필요로 하게 된다.

목회자도 리더이기 때문에 리더에게는 리더십이라고 하는 것이 반드시 요청되는데 목회자리더십과 일반 리더십과의 결정적인 차이는 똑같은 권위의 구조를 가지고 있지만 일반 기업에서는 인문학적인 권위의 개념이고 교회에서는 영적인 개념의 권위라는 것이다. 목회자리더십혹은 교회리더십에서는 그것이 얼마나 성경에 근거를 두고 있느냐 하는 것이 가장 중요하다.

일반 사회에서 말하는 리더십이 개인이 가지고 있는 재능이나 훈련과 지식을 통해 스스로가 얼마든지 소유할 수가 있는 것이라면 교회가 말하는 리더십은 스스로 탐구하고 개발해야 하지만 하나님께서 주셔야 한다는 개념 곧 수동적인 요소가 매우 강조되는 것이다. 다시 말하면 목회자의 리더십 곧 영적인 리더십은 영성이 그 중심이 되어야 한다. 형식적인 측면에서 세상이나 교회나 똑같이 추종자들을 이끌어 간다고 말할 수 있지만, 교회에서는 영성을 가지고 이끌어 가는 것이 리더십인 반면 일반 기업이나 조직에서는 영성적인 리더십을 강조하지 않고 지성, 경험 혹은 훈련된 기능, 혹은 흔히 말하는 세속적인(secular) 카리스마 등을 통하여 리더십을 행사하려고 하는 것이다. 다시 말하면 교회가 말하고 있는 목회자리더십이란 일반적으로 모든 리더들이 갖추어야 할 요소들을 다 갖추고 있다고 하더라도 영성이 빠져 있으면 아무 것도 아니며 하나님으로부터 오는 은혜의 요소, 곧 수동성이 목회자 리더십에서 매우 중요하다는 것이다. 영적인 리더십은 그 외에도 많은 필요요소들을 목회자 스스로 잘 개발하고 자기 것으로 익숙하게 할 때 잘 드러날 수 있다.

시대가 아무리 정보사회로 변하더라도 목회자리더십의 중심은 성경이어야 하며 리더십의 기본은 성경에 여러 인물들(예, 구약성경의 모세와 요셉, 신약성경의 예수 그리스도와 사도 바울 등)을 통해 기록된 하나님이 주시는 영성과 진실무망하고 불의한 이를 탐하지 않으며 스스로가 자기자신을 철저하게 깨끗케 하는 도덕성은 목회자리더십의 기본이 되어야 한다.

위에서 열거한 이유뿐만 아니라 현대의 교회론(Ecclesiology)에서 건강한 교회 조건 중 첫 번째 조건을 적극적인 리더십을 지닌 목회자(the positive leadership of the pastor)라고 할 정도로 목회자에게 있어서 리더십은 매우 중요하다. 목회자의 리더십은 교회라는 특수한 공동체 조직 내에서 하나님과의 관계 속에서 교인들을 대상으로 발휘되므로 특수한 상황을 가지게 된다. 김상복(1997)은 목회자리더십을 '목적을 향해서 하나의 목표를 향해서 사람을 움직일 수 있는 능력'이라고 하였다. McGraw (1989)는 목회자 리더십은 모든 은사와 사역을 하나님이 선택하고 교회의 머리되는 그리스도의 명령 하에 수행되고 모든 권력은 섬기기 위해 사용되어야 하며 절대 지배해서는 안 된다고 한다.

한국기독교 역사를 통해서 수많은 목회자들의 리더십을 살펴보면 강하고 독재적인 리더십이 한국 교회 성장에 큰 역할을 담당한 것을 발견할 수 있다(Chin, 2001). 이러한 전통적인 리더십 패턴의 효과가 이제는 소멸되고 이에 대한 의문점들이 발생하는 가운데 가장 성경적인 리더십은 바로 예수의 리더십이라는 연구가 최근에 발표되었다(Chin, 2001). 또한 목회자는 올바른 자아 성찰, 투철한 사명의식, 전문적인 자질배양, 비전(vision), 영성 등을 중시하면서 목회자 자신이 상업적인 직업주의를 극복하기 위해서는 희생을 감수하는 소명의 체험이 분명해야 한다는 연구(전계양, 1997)와 목회자의 예수 그리스도의 희생적 리더십을 강조하는 연구(윤석호, 1994) 등이 있다.

성경을 통해 예수의 리더십을 관찰해 보면, 예수가 변혁적 리더십에 내포되어 있는 카리스마, 영감, 개별적인 배려, 지적인 자극 등의 주요 요인들을 충실하게 발휘하고 있다는 것을 발견할 수 있는데, 이것은 바로 기독교의 목회자리더십과 변혁적 리더십을 연관시킬 수 있는 근거가 된다(고찬근, 1997). 성서에 기록된 예수의 리더십을 살펴보면 다음과 같다.

첫째, 예수는 '사람 낚는 어부'라는 고차원적 욕구를 제시하여(신약성경 마태복음 4:18-22; 마가복음 1:16-20; 누가복음 5:1-11) 추종자(제자)들을 변혁시켰으며, 즉각적으로 제자들이 반응한 것을 보면 그들로부터의 신뢰와 존경을 단번에 확보할 수 있는 강한 카리스마를 가지고 있었다. 또한 지위가 높은 율법학자들이 아무런 지위도 없었던 예수의 권위에 감탄하는 것을 보면 예수의 권위는 물리적이고 형이하학적인 지위에 바탕한 것이 아니라 절대적인 '신'이 부여하는 형이상학적인 카리스마라고 할 수 있다. 즉, 예수의 카리스마와 보통 리더의 카리스마와는 다른 절대적인 창조자로부터 받은 것이라고 할 수 있다.

둘째, 예수의 개별적 배려이다. 성서의 여러 곳에서 증언하듯이 예수는 가난하고 소외되고 병든 사람, 부자, 이방인, 죄인 할 것 없이 그들을 일일 다 만나주었고, 그들이 필요로 하는 치유와 사랑과 용서를 베풀었다(신약성경 누가복음 5:17-32). 예수는 사람을 차별대우하지 않았으며, 상대의 필요에 관심을 가지고 헌신적으로 배려했다. 이와 같이 예수의 삶은 개인 한 사람 한 사람을 배려하는 철저히 이타적인 삶이었다.

셋째, 예수의 지적인 자극 - 새로운 시각이다. 안식일에 먹는 것이 금지되었던 당시 유대교의 전통적인 구습을 거부하고 허기진 제자들에게 밀 이삭을 먹인 예수(신약성경 마태복음 12:1-8; 요한복음 5:10; 7:23; 9:16)를 처단하려는 바리새인들을 향해 예수는 "안식일이 사람을 위하여 있는 것이지, 사람이 안식일을 위하여 있는 것은 아니다"라고 반문하였다(신약성경 마가복음 2:23-28; 누가복음 5:33-39). 또한 예수는 모든 일이 일절 금하게 되는 안식일에 손 마른 사람의 병을 고쳐주면서 예수를 고발할 구실을 찾으려는 사람들에게 "안식일에라도 착한 일을 하는 것은 법에 어긋나지 않는다"라고 하시며 그 불구자에게 "손을 펴라"라고 한 후 그 불구자의 손을 치료하였다(신약성경 마태복음 12:9-13). 예수는 이와 같이 과거 답습적이며 무사안일적인 삶에 대한 도전자였으며 그를 따르는 추종자(제자)들에게 삶을 새롭게 바라보는 시각을 제공하였다.

넷째, 예수는 죄를 짓지 않기 위해서가 아니라 '사랑하기 위해서' 현실을 적극적으로 혁신해야 한다고 주장했다. 제자들에게 원수를 사랑하며 나를 미워하고 박해하는 사람까지 사랑해야 한다고 주장하며(신약성경 누가복음 6:27-38; 마태복음 5:44) '사랑'이라는 가치를 향한 예수의 열정과 자유로운 사고방식은 당대의 최고 권위인 율법주의와 충돌하여 그 자신의 목숨까지 바침으로써 자기희생을 실천하며 이웃을 사랑하고 인류를 구원한 리더였다. 이상에서 보듯이 예수는 영감을 가진 카리스마적인 인격의 소유자이며, 사람들을 개별적으로 배려하고, 새로운 시각을 제공하는 지적자극의 리더였으며 자기의 목숨을 희생하면서 인류의 죄를 구원하려는 자기희생적 리더였다.

위에 열거한 예수의 리더십과 목회자리더십에 대한 종합적인 정의는 절대적인 신에게 부여받고(카리스마), 추종자를 배려하고(개별적 배려), 자기를 희생하며(자기희생), 추종자의 재능을 발견하고 개발, 이용하여(지적 자극) 추종자의 필요뿐만 아니라 조직의 성장을 유발하는 본 연구의 변혁적 리더십행위와 일치하는 것이다. 본 연구의 목회자리더십의 모델은 "목회자는 성령의 도유(塗油)로써 특별한 영적인호(靈的印號)가 새겨지고 이로써 '머리'이신 예수 그리스도의 대리(representative)로 행동할 수 있도록 그리스도의 모습을 닮아야 한다"는 변혁적이고 자기희생적인 예수의 리더십에 근거한다고 할 수 있다.

<표 1> 예수의 변혁적 리더십행위

변혁적 리더십행위	구체적 내용
카리스마	제자(추종자)들로부터 신뢰와 존경을 단번에 확보할 수 있었던 강한 카리스마.
개별배려	가난하고 병들고 이방인들 같은 소외된 사람들을 차별하지 않고 상대의 필요에 관심을 가지고 헌신적으로 배려함.
지적자극	당시 유대인들의 과거답습적이며 무사안일한 삶의 태도를 거부하고 새로운 삶의 태도를 보임
자기희생	당대의 최고 권위인 '율법주의'와 충돌하며 목숨을 바침으로써 이웃사랑(인류애)을 실천함.

2. 21세기 목회환경의 변화

21세기 목회환경변화의 특징을 구체적으로 살펴보면 다음과 같다.
첫째, 현대 한국교회는 20세기 초 서양의 선교사들의 한반도 복음전파 이후 크게 발전하여 최근 수십 년 동안 세계의 이목을 집중시키면서 더욱 큰 성장을 이루었다. 그러나 성장을 거듭하던 한국교회들이 최근 몇 년간에는 성장이 둔화되고 세속화와 개인주의가 복음적 교회의 위기와 교회이탈을 초래하고 있다(이철희, 2000). 한국교회의 성장과 둔화에는 급변하는 사회풍조, 첨단 정보 및 컴퓨터 통신의 발달, 유사 사이비 종교의 확산, 미신숭배, 한탕주의 및 물질숭상 문화 등의 요인이 있다. 또한 많은 현대인들은 이미 이 사회의 영적, 정신적인 지주로서 교회를 인정하지 않으려는 경향도 보이고 있다. 따라서 목회자는 가속화된 변화를 예측하고 이에 신속한 지도력으로 대처할 수 있는 능동적인 자질을 개발하고 적극적인 리더십을 발휘해야 할 것이다.

둘째, 평신도(성도) 참여 기회의 확대이다. 사실 중세까지는 평신도와 성직자는 구별이 명백하였으나 루터의 종교개혁으로 만인제사장설(priesthood of all believers)이 받아들여지면서 평신도의 적극적인 참여의 바탕이 제공되었다. 우리나라는 1960년대에 평신도에 대해 관심을 갖기 시작하면서 1970년대에 평신도 운동이 본격적으로 전개되기 시작하였다. 과거에는 독재적, 회중무시, 합당한 주장을 말살하는 리더십을 한국적 상황에 맞는 강력한 리더십이라고 생각했지만 현대는 정보 통신의 발달과 고등교육의 확대를 통한 지식의 폭넓은 공유, 전문성을 발휘할 수 있는 기회의 확대, 참여를 통한 민주시민의 책임의식 고취 등으로 교회조직은 평신도의 참여의 발판을 제공하고 있다. 한국교회의 경우 초창기의 기록적인 교회부흥을 일으킨 리더십의 형태는 카리스마라는 단어로 집약될 수 있지만 시대가 변함에 따라 평신도들이 지식과 정보력이 강해지고 인터넷을 통해 좋은 교회 목사님들의 수준 높은 설교를 들을 수 있게 되었다. 또한 신학교들의 수준도 높아지고 목회자들의 독서 수준이나 교육수준도 향상되면서 전체적으로 목회자나 평신도들의 수준이 향상되고 평준화되는 사회가 형성되고 있다.

따라서 평신도들은 교회 운영에서 일방적인 지시와 비민주적인 요소를 거부하고 성서적, 합리적, 민주적인 교회운영과 의사결정과정을 요구할 것이다. 목회자와 평신도의 관계가 직분고하의 차이가 아닌 기능상의 평등한 관계임을 당연시 할 것이며, 수직적 계층에서 수평적 계층이 요구되고 개인의 자유를 존중하는 시대 흐름의 영향이 교회 내에서도 나타날 것이다. 이들은 자신들의 참여가 가능한 새로운 예배양식과 교회의 적극적인 사회복지를 요구할 것이며, 자신들의 기호를 갖고자 할 것이다. 그러므로 앞으로 목회자는 목회자의 중요한 역할인 평신도의 영성 개발과 평신도가 목회역할에서 사역을 극대화 할 수 있도록 도와주어야 할 것이다. 이와 같이 21세기의 교회는 성직자 중심체제에서 나아가 평신도와 더불어 협력하는 체제로 변화될 것이다.

셋째, 목회환경의 불확실성이 확대될 것이다. 불확실성은 변화속도의 가속화나 정보통신의 상상을 초월하는 발전에 원인이 있다고 볼 수 있다. 경제의 발전으로 임시성과 일회성이 발달하고, 교인의 교회소속개념이 약화되며 교회의 이동이 심화되며, 교인(성도)의 분포는 광역화될 것이다. 통신과 교통의 발달로 교류와 이동이 잦아지면서 사람들은 정신적 유동을 일으켜 가치관의 혼란과 전통과 규범을 초월한 탈도덕적 현상에 자유롭게 될 것이다. 또한 복잡한 생활속에서 편리함과 안락과 즐거움을 추구하지만 항상 두려움과 좌절이 떠나지 않을 것이다. 그러나 이러한 사실들조차도 정확히 예측하기 힘든 불확실성 때문에 오히려 새로운 신앙과 영성을 추구하는 상반된 추세도 더욱 두드러질 것으로 예견할 수 있다.

목회자는 성도들을 이끌어 가는 리더인 동시에 하나님의 뜻을 따르는 추종자의 역할을 담당하는 존재이므로 교회가 건강하고 건전하게 발전하기 위해서 리더십과 팔로워십, 목회활동과 성도간의 관계에 있어 균형을 유지해야 할 필요가 있다(Allen, 2003). 옛날에는 성직자가 가지고 있는 카리스마를 가지고 동시에 여러 사람들을 이끌 수 있었지만 현대에는 자기중심적인 성도들을 중심으로 중간 리더(부목회자)들을 개발하고 스스로 역할을 하도록 하는 것이 중요하다. 그러므로 21세기의 목회자는 목회자의 영적 리더십 개발에 노력할 뿐만 아니라 성도를 훈련시켜서 성도 각자가 스스로 사역을 해나가며 성도로 하여금 다양성과 통일성을 갖출 수 있도록 변혁시키도록 노력해야 할 것이다.

<표 2> 21세기 목회환경의 변화

21세기 목회 환경 변화 내용	목회자의 해결방안
변화의 가속화	가속화된 변화를 예측하고 이에 신속한 지도력으로 대처할 수 있는 능동적인 자질을 개발하고 적극적인 리더십을 발휘할 것.
평신도 참여기회 확대	성직자 중심체제에서 평신도와 협력하는 체제로 변환되면서 합리적, 민주적, 성서적인 교회운영. 성직자와 평신도의 기능상 평등관계를 유지. 평신도의 영성개발에 관심을 가질 것.
목회환경의 불확실성 확대	성도의 교회소속개념 약화, 교회이동 심화, 교인분포의 심화, 가치관의 혼란, 탈도덕적 현상 ,편리함/안락/ 즐거움 추구에 대한 대처방안 모색.

제3장 리더십 이론에 관한 이론적 고찰

제1절 리더십 이론의 발전과정

"리더십에 대한 정의는 리더십의 개념을 정의하려고 시도하는 사람들의 수만큼이나 다양하다"라는 Bass(1990a)의 주장처럼 리더십은 산업조직심리학, 경영학, 행정학, 정치학 등의 행동과학 분야에서 가장 광범위하게 연구되는 주제이면서도 명료하게 정의하기는 어려움이 있는 분야이다.

리더십에 대한 대표적인 정의로는 '목표설정과 목표달성을 향해 노력하는 조직(또는 집단)의 행위에 영향력을 행사하는 과정'(Stogdill, 1950), 리더가 추종자를 위해 조직의 현실을 정의하면서 무엇이 중요한지에 대하여 부하들에게 명시하는 과정으로써의 '상징적인 행위(symbolic action: Pfeffer, 1981)', '의미의 관리(management of meaning: Smircich & Morgan, 1982)' 등이 있다. 본 연구에서는 리더십을 '부하가 아닌 리더의 동반자로서의 추종자와 리더가 상호간에 끊임없이 영향력을 행사하며 개인과 조직차원의 목표를 달성하기위해 노력하는 일체의 과정'이라고 본다. 왜냐하면 리더 없는 추종자, 추종자 없는 리더는 존재할 수 없으며 리더십은 결국 리더 개인, 추종자 개인, 그리고 조직 혹은 집단의 목표를 달성하려는 리더-추종자들이 모여 목적달성을 위해 끊임없는 상호작용과 서로간의 영향력을 교환해 나가는 과정이기 때문이다.

리더십에 대한 초창기 연구로는 효과적인 리더에게는 남과 다른 개인적인 특성이 있다고 생각하고, 그 특성을 추출하려 했던 특성이론(trait theory)이 있다. 그러나 이 특성이론은 리더들의 공통적인 특성을 추출해 내지 못하고, 성공적인 리더십과 리더특성 간에 나타나는 연관성이 별로 발견되지 않아 곧 한계에 이르게 되었다.

그 이후에 리더십 연구는 밖으로 드러나는 리더의 행위를 관찰하는 방향으로 진행되었는데 이와 같이 리더의 지속적인 행위양식, 즉 리더십 스타일간의 관계를 규명하는 연구방향을 리더십의 행위이론(behavioral theory)이라고 한다. 주로 미국의 미시간대학, 오하이오 주립대학 등에서 이와 같은 일련의 리더십 행동이론을 연구하였다.

1980년대에는 추종자와 리더가 맡은 과업을 포괄하는 상황의 산물로 리더십을 정의하는 리더십 상황이론(contingency theory)이 활발히 연구되었다. 이 이론에서는 상황이 리더를 만들기 때문에 가장 효과적인 리더란 상황의 요구에 가장 부합되는 리더라고 주장하였다.

최근에 오면서 변혁적(transformational) 리더십(Bass, 1985), 카리스마적(charismatic) 리더십(Conger & Kanungo, 1987), 비전제시형(visionary) 리더십(Sashkin, 1988) 등이 있는데 이 이론들은 리더의 상징적인 행동(symbolic behavior)을 중시하고 추종자를 위해 사건을 의미 있게 만드는 리더의 역할에 대하여 집중적으로 연구하는 경향이 있다(Yukl, 1998).

<표 3> 리더십 이론의 발전과정

접근 주제별	기 간	중심 주제
특성이론	1940년대	리더십 능력은 타고난다.
행동이론	1940년대 ~ 1960년대	리더십 효과성은 리더의 행동에 따라 달라진다.
상황이론 또는 상황적합이론	1960년대 ~ 1980년대	리더십 효과성은 상황에 따라 달라진다.
신경향 리더십	1980년대 ~ 1990년대	리더는 비전을 지녀야 하며, 추종자에게 강한 정서적 반응을 이끌어내야 한다.

리더십 이론의 발전과정을 주제별로 자세히 살펴보면 다음과 같다.

1. 리더십 특성이론: 1940년대

특성이론(trait theory)에서는 리더는 타고난다는 명제를 강하게 암시하였으며 훌륭한 리더들이 갖추고 있는 자질과 특징을 정의하려는 연구들이 1940년대 초기에 활발히 진행되었다. Weber(1947)의 카리스마적 리더십 이론과 Stogdill(1948)의 이론이 대표적인 특성이론에 속한다. 리더의 주요 특성은 리더의 개인적 특성 즉, 체격, 키, 용모 등과 같은 육체적 특성(physical traits)과 지능, 언변 등과 같은 능력(ability), 그리고 보수성, 내향성 - 외향성, 자신감 등의 성격적 특징(characteristic traits) 등이다. 이 이론은 리더는 후천적으로는 육성할 수 없다고 주장하며 리더의 자격을 타고난 사람과 추종자의 위치에 머물러야 하는 사람으로 이분하였다.

House(1977)는 그의 카리스마적 리더십 이론에서 어떤 개인에게 영적, 심적, 초자연적인 특성이 있을 때 추종자들이 이를 신봉함으로써 리더십이 생긴다고 주장하였고 Stogdill(1974)은 리더의 특성으로 지성, 지배력, 자신감, 추진력, 실력 등을 주장하였다. 특성이론은 Mann(1959)에 이어 1980년대 후반에 다시 중흥을 맞이하였고 Lord, Devader, & Alliger(1986)가 Mann의 연구를 meta analysis로 재분석하여 리더의 6가지 특성 중 지성(intelligence), 남성다움(masculinity), 현저성(dominance)이라는 3가지 공통특성을 발견하였다. 이 때의 특성은 1940년대 학자들이 주장했던 리더가 가지고 있는 특성이 아니라 타인(혹은 추종자)이 '인식한 연구 개념(perceived construct)'으로서의 특성을 뜻한다.

Stogdill(1948)과 Gibb(1947)은 리더의 특성에 대한 연구에 대하여 환상을 없애고 1940년대 후반부터 리더십 스타일에 대한 연구를 하기 시작하였다. 그러나 리더의 특성만으로는 리더십을 설명하기에는 이론적으로 매우 불완전하며, 추종자를 리더의 부하라는 관점에서 리더십에 전혀 영향을 끼치지 못하는 존재로 간주한 것, 그리고 어떤 특정자질이 효과성의 기준이 되는지를 밝혀주지 못한 점 등의 여러 가지 문제점들을 내포하였다. 이후 특성이론은 1970년대의 카리스마적 리더십, A/B 성격, 자아통제력(self-monitoring), MBTI, 마키아벨리즘, 직무능력모델(competency model) 등에 응용되었다.

2. 리더십 행동이론: 1940년대부터 1950년대 후반

리더십 특성이론의 이론적 매력이 점차 소멸되고 리더의 특성자체에 대한 관찰이 과학적으로 어렵다는 제약으로 인하여 리더십 행동이론(behavioral theory)이 활발히 연구되었다. 1930년대 Lewin,

Lippett, & White(1939)를 중심으로 Iowa 대학의 독재, 민주, 자유방임의 리더십 유형연구, 1940년대 후반 Stogdill을 중심으로 한 Ohio 주립대학의 구조주도 및 배려형 리더행동 연구(1957), 그리고 Michigan 대학의 종업원지향적, 생산지향적 리더십행동연구(Likert, 1961) 등이 이에 속한다. 행동이론은 리더의 행동의 결과로서 리더십을 보았으며 행동이론의 첫 번째 임무는 리더와 추종자를 구별하는 행동 및 효과, 그리고 비효과적인 리더를 명시하는 것이었다. 또한 이 이론은 효과적인 리더십 방법을 종업원들에게 가르칠 수 있으며 리더에게 일단 모범적인 리더행동을 알게 하고 계속 이를 훈련하고 키워나가면 훌륭한 리더가 될 수 있다고 주장하였다. 리더의 특성은 리더 자신의 내부에 잠재해 있는 것이지 항상 겉으로 드러나는 것은 아니기 때문에 리더란 추종자들의 눈에 비치는 리더의 특성이 모여진 것이 아니라 추종자에 의해 지각된 리더의 행동의 집합체라고 보았다. 따라서 특성이론은 리더의 행동이 리더십 영향에 결정적으로 작용한다는 기본적인 가정 하에 리더의 행동에 대한 연구를 활발하게 수행하였다.

1957년 Ohio 주립대학의 경영연구소(Halpin & Winer, 1957)에서는 리더십을 '목표달성을 위해서 집단 활동을 지휘할 때 나타나는 개인의 행동'으로 정의하고, 독자적으로 개발한 리더행동기술표(Leader Behavior Description Questionnaire: LBDQ)를 사용하여 여러 형태의 집단과 상황에서의 리더십행위들을 분석하였다(Stogdill, 1963; 1974). 그리고 리더의 행위를 배려(consideration)와 구조주도(initiating structure)의 두 가지로 압축, 분류하여 구조주도와 배려 행위 점수가 모두 높은 리더가 가장 효과적인 리더라고 주장하였다.

이와 같이 1950년대에 Ohio 대학을 중심으로 가장 바람직한 리더십 행동에 대하여 연구한 리더십 행동이론은 1990년대까지 리더십 연구에도 영향을 주었지만 실제로 리더십 스타일과 결과 변수와의 관계를 정의했다 하더라도 결과로부터 추론된 인과적인 해석을 하지 못하였다. 또한 공식적으로 임명된 리더들을 대상으로 연구하였으나 비공식적 리더십 과정에 대한 부분은 측정하지 못한 부분과 설문지에서 추종자들이 평가하는 리더가 실제 리더가 아닌 상상의 리더(imaginary leader)이기 때문에 실제 리더의 행동이 아니라는 점 등도 행동이론의 취약점이다. 뿐만 아니라 보편론적인 입장(universal approach)을 취하여 리더십 행동 중 어떤 측면이 가장 중요한지가 상황에 따라 달라지는 점, 리더십 행동을 지나치게 미시적인 관점으로 보고 조직의 비전보다는 과업이나 인간관계에만 치중한 점, 조직과 환경과의 관계를 배제한 점 등도 행동이론의 한계점이다.

3. 리더십 상황이론: 1960년대부터 1980년대

리더십 연구의 획기적인 발견인 상황이론(contingency theory)은 리더십 효과성을 조절하는 상황변수를 명시하는 것이 주된 목적이었으며 여러 가지 상황요인들은 리더십 상황이론 모델의 중심이 되었다. 행동이론인 오하이오 주립대학의 연구가 고려형과 구조주도형을 서로 대립되는 스타일로 본 것에 비하여 상황이론의 대표적인 학자 Fiedler(1964)는 관계지향형과 과업지향형을 인성속성, 과업, 특성론을 연결하는 연속적인 개념으로 보았다. 상황이론의 주제는 상황이 얼마나 리더에게 호의적인가에 따라 성과가 달라진다는 것으로써 세 가지 구성요소를 리더-추종자관계, 과업 구조, 리더의 지위권력으로 정의하였다.

대표적인 상황이론으로는 리더의 역할을 추종자들에게 개인이나 조직의 목표를 달성하도록 동기부여하는 것이라고 정의한 House의 목표－경로 이론(path-goal theory, 1971)과 리더는 추종자의 성숙도에 따라 리더십 스타일을 달리해야 한다고 주장하는 Hersey & Blanchard(1971)의 성숙도 이론이 있다. 리더－추종자 관계의 속성을 분석하여 리더는 추종자들을 하나의 집단으로 묶어 대하는 것이 아니라 추종자 한 사람, 한 사람과 각각 다른 성질의 관계를 발전시킨다는 Danserau, Graen, & Haga(1975)의 리더－멤버 교환이론(leader-member-exchange theory: LMX; 혹은 이원적 결합이론 verical dyadic linkage: VDL)과 조직에서 리더십의 효과를 무력화 시키든가 중화, 또는 촉진시킬 수 있는 요인, 조직, 과업, 그리고 추종자들의 특성에 초점을 둔 Kerr & Jermier (1978)의 리더십 대체이론도 대표적인 상황이론에 속한다.

그러나 상황이론을 직접 현실에 적용했을 때 성과에 미치는 영향이나 효과의 크기(effect size)가 상황변수들을 고려하지 않고 있는 카리스마나 변혁적 리더십 스타일의 효과보다 훨씬 작게 나타나고 있는(Waldman, Bass, & Yammarino, 1990) 점과 리더와 추종자의 관계가 상급자와 하급자의 관계인 계층적 관점을 벗어나지 못하고 있는 점도 상황이론의 한계라고 할 수 있다. 뿐만 아니라 조직의 사업부문의 종류, 기업의 성과나 상태, 기업의 성장발전단계에서의 위치, 조직의 문화, 조직의 전략 등의 거시적인 변수들이 리더십에 미치는 영향을 고려하지 않고 단지 지나치게 단순화시킨 미시적인 상황변수들(예를 들어, 리더－구성원 관계, 과업구조, 직위권한, 추종자의 성숙도 등)만을 중시한 것과 리더의 행동범위가 너무 포괄적인 점도 상황이론의 취약점이라고 할 수 있다.

4. 신경향 리더십이론(행동이론의 재조명):
1980년대 초반부터

1990년대에 들어오면서 핀란드와 스웨덴의 연구자들이 리더십행동을 재검토한 결과 급변하는 사회에서의 훌륭한 리더들의 행동에는 발전지향적 (development-oriented)행동이라는 공통점이 있음을 발견하였다. 가장 최근의 변혁적(transformational) 리더십, 카리스마적(charismatic) 리더십, 비전제시형(visionary) 리더십, 문화적(cultural) 리더십 등의 새로운 이론들과 신경향 리더십(new leadership genre) 이론은 리더의 상징적인 행동(symbolic behavior)을 중시하고 추종자를 위해 사건을 의미 있게 만드는 '리더의 역할'에 대하여 큰 관심을 가진 연구들이다(Yukl, 1998). 훌륭한 리더는 '하인처럼 행동하는 리더'이며 자신보다는 부하, 고객, 지역사회에 봉사하고 장기적으로 부하들의 생활과 과업수행방식의 변화와 리더의 행동을 특히 중시하는(Spears, 1995) 봉사적 리더십(servant leadership) 이론(Greenleaf, 1977)도 이에 속한다.

특히 1980년대의 변혁적 리더십 이론과 카리스마적 리더십 이론은 최근 가장 활발히 연구되어 온 리더십 부문이다(Conger & Hunt, 1999). 전통적 리더십이 합리적인 과정을 중시한 반면 변혁적, 카리스마적 리더십 이론은 감정과 가치를 강조하며 리더십이란 '집단을 하나의 총체로 종합하고, 구성원(추종자)으로 하여금 조직목표를 향하여 적합한 동기를 부여하는 기능을 담당하는 것'이라고 정의하였다. 이는 조직구성원을 심리적으로 자극하여 추종자들의 강한 반응을 이끌어 내며 추종자의 잠재능력은 물론 조직목표의 효율적인 달성을 위하여 구성원(추종자)의 활동능력을 개발하는 것을 의미한다.

이러한 이론들은 어떻게 리더가 추종자들로 하여금 스스로 희생하게 하고, 어려운 목표에 몰입하도록 하며, 처음에 예상했던 것보다 훨씬 더 많은 과업을 성취하도록 하는지를 연구하였다. 또한 이 이론들은 리더는 그 자신의 추종자들과 사회체계에 커다란 영향을 미칠 수 있는 예외적 특성을 지니고 있다는 데 초점을 맞추고 있다. 변혁적 리더십 이론(Bass, 1985)에 의하면 변혁적 리더는 추종자들의 개인적이고 이기적인 욕구, 가치관, 선호 그리고 열망들을 공동체적으로 추구하도록 변화시키며 추종자들로 하여금 리더 자신의 사명에 고도로 몰입하여 개별적 희생을 감수하면서까지 자신의 직무요구보다 많은 일을 하도록 만든다는 것이다.

그러나 이러한 신경향 리더십 이론들은 '변화'라는 시대적 요구에 부응하여 비전의 개념을 학문영역으로 끌어들인 점, 리더십을 리더 자신이 아니라 보는 사람의 주관적 입장에서 새롭게 이해하려 했다는 점, 그리고 그동안 소홀히 다루어졌던 최고경영층의 리더십에 관심을 갖게 했다는 점 등의 의의를 가지고 있지만 몇 가지 한계점이 있다. 첫째, 지나치게 최고경영자나 사회의 지도자들을 중심으로 전개되어 구성원들의 역할을 도외시하였고, 둘째, 카리스마적 리더십에서 리더 한 사람에게 지나치게 의존하여 리더십행위에 영향을 미치는 구성원들의 상호영향력을 간과하였고 리더의 현실적이며 실천적인 행동이 뒷받침 되지 않을 경우 비전이 현실화되기 어려운 점이다. 셋째, 변혁적 리더십 이론에서는 하나의 조직비전을 모든 종업원이 받아들이는 것을 전제로 하지만 조직차원의 비전은 매우 추상적인 것으로써 각 구성원의 현업과 연계시키는 데 어려움이 있다는 것과 넷째, 변화 자체를 너무 강조하여 변화를 위한 변화를 추구하거나 변화의 목적이 전이되거나 상실되는 가능성이 높다는 점이다(백기복, 2000).

위와 같이 리더십 연구의 역사를 보면 특성이론의 한계를 행동이론이 극복하고 또 그의 한계를 상황이론으로 극복하는 것으로 해석할 수 있다. 또한 리더의 의지대로 모든 것을 만들어 갈 수 있다는 임의론(또는 자의론; voluntarism)적 관점(예, Fiedler의 상황이론, 1964)에서 그에 대한 반작용으로 환경의 힘이 우월하다고 보는 결정론(예, 대체론; determinism)으로, 또 그에 반대되는 입장을 취하는 비전론(예, Sashkin, 1988), 이성적 판단을 중시하는 규범적 결정론(예, Vroom & Jago, 1988)과 감성과 성취의지에 초점을 둔 이론들(예, Bass의 변혁론, 1985)의 발전과정으로 이해할 수 있다.

제2절 변혁적, 거래적 및 자기희생적 리더십

1. 거래적 리더십

전통적인 거래적 리더십(transactional leadership)은 개인이 가치 있는 어떤 것을 교환할 목적으로 다른 사람과의 계약에 있어 주도권을 취할 때 발생한다. 즉, 리더는 자기가 가지고 있는 어떤 가치 있는 것을 추종자가 가지고 있는 가치 있는 것과 교환하여 빨

리 거래 이익을 취하고자 부하에게 접근하는 리더십을 뜻한다 (Burns, 1978). 거래적 리더십은 두 가지 기본 전제를 깔고 있는데 하나는 리더가 부하를 모티베이트하기 위해서 응분의 보상 수단을 사용해야 한다는 것이며 또 하나는 부하가 목표달성에 실패하는 경우 리더가 고쳐주어야 한다는 것이다(Goodson, McGee, & Cashman, 1989).

거래적 리더십에서의 교환관계 모형의 이론적 뿌리는 사회교환이론 (social exchange theory)에서 찾아볼 수 있는데 Homans(1961)는 사람들 간의 관계는 기본적으로 무엇인가를 주고받는 교환을 통해 형성, 유지되는 것이며, 집단에서 이루어지는 구성원들 간의 상호작용과 의사소통 역시 교환관계를 통해 이루어진다고 주장하였다. 교환관계의 유형에 따라 거래의 내용과 질이 달라지며, 따라서 조직구성원의 행동에 영향을 준다는 것이다.

Jacobs(1970)는 이러한 사회교환이론의 틀을 사용하여 리더십을 이해하였는데 그에 따르면 리더와 구성원 간의 관계 역시 서로가 비용과 혜택을 주고받는 사회적 교환을 통해 형성되며 유지된다는 것이다. Jacobs는 한 집단의 리더는 구성원들이 리더라는 지위에 대해 갖고 있는 여러 가지 기대를 충족시켜줄 수 있어야 하며, 구성원들 역시 그 대가로 자신의 과업수행이나 충성심을 통해 리더의 영향력에 복종하게 된다는 것이다. 이를 통해 리더는 자신의 지위를 더욱 강화시킬 수 있으며, 구성원들은 집단의 목표달성이라는 대가를 받게 된다. 이와 같은 사회적 교환이론은 거래적 리더십 이론의 밑바탕 역할을 하게 되었다(문대성, 2002).

Bass(1985)는 거래적 리더십 이론에서 리더의 역할이란 추종자에게 원하는 결과를 주지시키고 결과달성(또는 미달성)에 따라 어떤 보상(또는 벌)을 받게 되는지를 추종자에게 명확히 하는 것, 추종자들의 욕구가 무엇인지를 파악하여 충족시켜주고 장애물이 있으면 제거해주는 것, 그리고 리더 자신이 원하는 결과와 추종자들이 원하는 보상을 거래하는 것 등으로 정의한다.

이와 같이 거래적 리더십은 인간행동의 기본이 되는 사회적 상호교환을 바탕으로 조직 내의 리더-추종자 관계를 연구했으나 리더와 추종자의 역할 모두를 일차원적이고 형이하학적인 존재로 간주하여 추종자의 고차원적인 욕구의 달성이나 개인적인 목표를 간과하고 리더의 리더십을 관리자적인 차원에 머물러서 정의하는 한계를 가지고 있다.

2. 변혁적 리더십

정치사회학자인 Burns(1978)가 "Leadership"에서 군대조직과 산업조직의 추종자들을 대상으로 한 연구 이래로 처음 제시한 변혁적 리더십(transformational leadership) 이론은 기존의 다른 모든 리더십 연구이론들이 리더와 추종자 간의 교환관계에 기초한 거래적 리더십(transactional leadership)에 치중해 있다고 비판하는 데서 출발한다. 그 후 Bass(1985)는 Burns가 제시한 정치적 리더십을 기초로 하여 조직상황에 맞는 이론을 한층 더 구체화하였고 그 후 여러 학자들에 의해서도 연구되었다(Bass, 1985, 1990a, 1990b: Bass & Avolio, 1990: Avolio & Bass, 1988; Bennis & Nanus, 1985; Tichy & Devanna, 1986; Kouzes & Posner, 1987; Harrison, 1987).

변혁적 리더에 대한 정의는 '추종자들의 흥미를 진작시키거나 확대시키고, 집단 내 목표나 사명감을 받아들이고 지각하게 하여 이기주의를 초월한 집단이익을 추구하게 하는 자(Burns, 1978)', '추종자들에게 영감을 심어주거나, 추종자 개개인의 성취욕구를 고취시켜 주며 과정을 변화시키고, 행동을 고취시키며, 문제해결의 방법을 제시하고 감정을 자극하는 자(Bass, 1985)', '문제해결에 대한 새로운 방법을 제시하고, 개인적 노력을 고양시키는 자(Kouzes & Posner, 1987)' 등이 있다.

거래적 리더십이 리더에 대한 복종의 대가로 추종자가 리더로부터 임금이나 신임을 얻는 리더와 추종자간의 교환(exchange)적 관계에 토대를 두는 것인 반면, 변혁적 리더십은 리더와 추종자 모두의 동기와 목적의식을 고취시키는 것을 포함한다고 하였다(Burns, 1978).

변혁적 리더십과 거래적 리더십의 대표적인 학자인 Bass(1985)는 거래적 교환관계에 기초하는 Burns의 거래적 리더십으로는 추종자들을 장기적으로 동원할 수 없다고 보고 자신이 개발한 MLQ (multifactor leadership questionnaire)를 토대로 변혁적 리더십과 거래적 리더십의 하위요인들을 찾아내어 이 요인들과 효과성 변수들과의 관계를 밝혀냈다.

Bass는 거래적 리더들이 성과와 보상의 교환관계나 부정적 피드백 또는 예외에 의한 관리(management by exception) 행위로써 가시적인 성과를 중시하는 것이라면 변혁적 리더들은 리더의 카리스마적 특성과 추종자들에게 개별적인 배려, 지적인 욕구를 자극하여 항상 창의력을 발휘할 수 있도록 유도함으로써 보다 이상적인 성과에 초점을 맞추고 있다고 주장하였다(예, 김용세, 1995).

Bass(1985)는 거래적 리더십에 대하여 다음과 같이 정의하였다. 첫째, 추종자들이 과업을 통하여 얻으려고 하는 것이 무엇인가를 인식하고, 과업수행이 성공적일 때, 추종자들이 원하는 것을 얻을 수 있다는 사실을 알게 한다. 둘째, 추종자들의 노력에 따른 보상을 약속하고, 보상을 교환한다. 셋째, 과업수행에 대한 직접적인 보상을 제시한다. 넷째, 규칙이나 기준의 이탈을 관찰하여 개입하며 문제발생을 예방하고 수정조치 한다.

이와 같이 Bass(1985)는 거래적 리더십을 추종자들이 리더에 대한 복종의 대가로 리더에게서 보상받는 일종의 교환(exchange)으로서 정의하여 추종자로부터 기대 이상의 성과 즉, 할당량 이상의 성과를 도출하지는 못한다고 설명한다.

반면 변혁적 리더가 추종자들로 하여금 노력을 하도록 이끄는 세 가지 방식은 다음과 같다(Bass, 1985). 첫째, 변혁적 리더는 특정한 목표의 중요성이나 목표달성을 위한 방법에 관한 인식을 증가시킨다. 둘째, 변혁적 리더는 추종자들로 하여금 조직 전체의 이익을 위해 개인적인 이해관심사를 초월하도록 유도한다. 셋째, 변혁적 리더는 추종자의 상위수준의 욕구 즉, 자긍심(self-esteem)과 자아실현(self-actualization)등의 욕구를 자극하고 이를 충족시켜준다. 결국 변혁적 리더십은 거래적 리더십과의 가장 뚜렷한 차이로써 추종자로 하여금 기대 이상의 성과를 도출할 수 있도록 추종자들을 동기화시키는 리더십을 의미한다(Bass, 1985)고 하겠다.

1) 거래적 리더십과 변혁적 리더십의 비교

Bass(1985)는 거래적 리더십과 변혁적 리더십을 구분하고 있지만, 개념적 수준에 있어서 다음의 세 가지 측면에서 양자간의 구분을 명확히 하고 있다. 첫째, Burns가 동일선상의 양극단으로서 두 리더십 유형을 지각하고 있는 반면에 Bass는 두 리더십 유형을 독립적인 차원으로 파악하고 한명의 리더가 거래적인 동시에 변혁적인 리더일 수 있다고 주장하고 있다. 둘째, Bass는 두 가지 리더십 유형을 설명함에 있어서, 변혁적 리더십과 거래적 리더십의 하위 행동요소들을 구체적으로 제시하여 Burns(1978)보다 더 정밀한 설명을 제시하고 있다.

리더의 행동 및 추종자의 행동을 설명하는 데 있어서 거래적 리더십은 추종자들의 행동을 선호도와 성과-결과 간의 기대로서 설명하는 반면 변혁적 리더십은 자아개념과 신념이 성과-결과 간의 기대와 노력-성과의 기대(Lawler, 1973)를 변화시키거나 추종자들의 자신감(self-efficacy: Bandura, 1986)을 변화시킬 수 있다는 점을 강조한다. 거래적 리더는 단기적으로 현상을 유지하기 위해 노력하고 현상과 너무 괴리되지 않는 목표를 지향하고 추종자들에게 즉각적이고 가시적 보상으로 동기부여를 시키며, 추종자들을 위해 문제점을 해결해 주거나 해답을 제시해 준다.

그러나 변혁적 리더는 추종자에게 장기적 목표를 위해 노력하고 자아실현과 같은 높은 수준의 개별적 목표를 동경하도록 동기부여 시키며, 보통 현상보다 매우 높은 이상을 지향한다. 또 추종자들을 변혁적이고 새로운 시도에 도전하도록 고무하며, 추종자들이 스스로 문제에 대한 해결책을 찾도록 격려하거나 자극을 준다(Shamir, House, & Arthur, 1993).

<표 4> Bass(1985)의 변혁적 리더십과 거래적 리더십의 내용

리더십 유형	변 수	내 용
변혁적 리더십	카리스마	비전과 사명감 제공, 자긍심 고취, 존경과 신뢰
	개별적 배려	개별적 관심, 독립적 존재로 대우, 지도 및 조언
	지적 자극	이해력과 합리성 고양, 새로운 시각 제시, 사려 깊은 문제해결 촉진
거래적 리더십	상황적 보상	노력에 대한 보상의 교환조건으로 계약, 높은 성과에 대한 보상약속
	예외 관리	규칙이나 기준의 이탈 관찰 및 개입, 예방 및 수정조치

2) 카리스마적 리더십과 변혁적 리더십

변혁적 리더십과 카리스마적 리더십은 미래에 대한 목표를 제시하고 추종자들을 영적인 능력으로 지도한다는 측면에서는 유사하지만 이 둘은 다음과 같이 구분된다. 변혁적 리더십은 추종자들이 개인적 욕구를 버리고 조직 전체의 이익을 위해서 전력하도록 유도하며, 추종자들의 자아실현욕구 같은 고차원적 욕구가 발현되도록 노력하게 리드(lead)하는 것을 뜻한다. 이에 반해 카리스마적 리더십은 추종자들과 리더 간의 강력한 감정적, 정서적 유대를 중시하는 것을 말한다. 또한 카리스마는 변혁적 리더십의 한 요소로서 필요조건은 되지만 그 자체가 충분조건으로서의 리더십은 아니다.

변혁적 리더들은 카리스마 이외에도 지적자극, 개별적 배려 등의 행위를 하며 추종자들에게 권력과 힘을 위임(empower)하고 그들의 위상을 제고시킨다. 반면에 카리스마적 리더는 종종 추종자들에게 비전보다는 리더 자신에게 충성과 헌신을 보이도록 함으로써 리더가 의도적으로 나약하고 의존적인 추종자를 산출하는 경우가 있다(Yukl & Van Fleet, 1992).

3. 자기희생적 리더십

자기희생적 리더십이론(Choi, 1995; Choi & Mai-Dalton, 1998)에서는 리더의 자기희생은 미시적 차원에서는 추종자들로 하여금 기회주의와 불안을 극복하게 하고 적극적 행동을 유발하여 조직의 위기상황에서 구성원(추종자)들의 위기 적응행위를 촉진하는 리더십행위이며 거시적으로는 조직전체의 환경변화에 대한 적응력을 높이는 새로운 차원의 리더십행위이다. 자기희생적 리더십(self-sacrificial leadership)은 추종자들로 하여금 (1) 리더를 카리스마적이라 지각하게 하고, (2) 리더에게 정통성을 부여하며, (3) 리더의 행위를 본받아 조직의 목표달성을 위해 자신들도 희생하고자 하는 호혜적 행동의지를 가지게 할 것이라는 것이다. 이러한 리더의 자기희생 행위는 조직이 위기에 직면했을 때 추종자들로 하여금 리더에게 카리스마를 부여하고 조직의 위기상황 타파에 힘쓰며 주위의 구성원들을 도와주는 이타주의적 행동(예를 들면, 조직시민행동)을 유발할 수도 있음을 기대할 수 있게 한다.

자기희생적 리더십이론(Choi & Mai-Dalton, 1998)에서 전제로 하는 조직상황의 속성(property)은 불완전한 것으로써 추종자들은 끊임없이 크고 작은 희생의 필요에 직면하게 된다. 이때 희생행위가 강제적으로 행하여지면 수탈, 자발적으로 이루어지면 자기희생으로 각각 구분하고 있다.

자기희생적 리더십은 리더가 <표 3>에 열거한 리더십행위들을 통하여 구체적으로 살펴보면 추종자들의 인지, 정서, 행위에 영향력을 끼치는 것을 말한다. 자기희생행위에는 1)업무분장(division in the labor), 2)보상분배(distribution in the rewards), 3)권한행사(exercise in the power)에 있어서 개인의 이익, 특권 혹은 복지의 전부/일부를 포기하거나 영구적/일시적으로 연기하는 것 등이 있다. 그러나 이것은 리더의 행위가 오로지 자기희생 행위로만 구성되어 있다는 뜻은 아니며 자기희생적 리더들은 과업주도, 관계지향, 변화주도 등의 행위와 매일 매일의 일상적 관리행위를 수행하면서 자기희생 행위들을 포함한 리더십을 발휘하는 리더를 지칭한다. 그러나 실제 자기희생적 리더십 모델에서는 리더의 다양한 리더십행위들은 모델에 포함시키지 않고 자기희생적인 행위만을 가지고서 추종자 반응의 결과를 측정한 것으로 보인다.

본 연구자는 Choi(1995)의 자기희생적 리더십 이론이 추종자가 리더의 능력에 대하여 지각하는 정도가 리더십 효과(추종자 반응)를 조절하는 조절변수로 보는 상황이론 이론, 추종자를 중시하는 팔로워십 이론, 그리고 카리스마 이론 등을 포괄하는 리더십 모델이라고 할 수 있다. 그러나 자기희생적 리더십이 결과변수인 카리스마 인지, 정통성 지각, 호혜적 행동의지 등에 직접적으로 영향을 준다는 Choi(1995)의 주장도 설득력이 있지만 자기희생행위를 조직몰입, 혹은 직무만족 등의 조직성과에 선행하는 매개변수로 연구하는 것도 가능할 것으로 생각한다.

또한 향후에 리더의 자기희생적 리더십행위를 Bass(1990)의 변혁적 리더십 이론의 하부요인인 카리스마적인 리더십행위와 리더십 효과간의 매개변수로 연구한다면 고무적인 결과를 기대할 수 있을 것으로 생각한다.

<표 5> 자기희생적 리더십행위의 내용

자기희생적 행위의 종류	내　용
업무분장상	다른 업무에 비해 더 위험하거나 기피되는 업무, 역할, 순번 등을 자청.
보상분배상	정당하게 분배되어야 할 금전적/비금전적 보상(급여, 상여, 승진, 포상, 휴가, 공로에 대한 인정) 등을 포기하거나 미룸.
권한행사상	임의로 사용할 수 있는 자원과 권한 등의 사용을 자제 혹은 포기.

자료: Choi, Y. (1995), *A Theory of Self-Sacrificial Leadership*, doctorate thesis, University of Kansas.

제3절 리더십과 조직시민행동, 정통성 지각과의 관계

1. 리더십과 조직시민행동과의 관계

일반적으로 조직에서 구성원들의 행동은 크게 공식적으로 요구되는 직무상 행동과 공식적으로 요구되지 않지만 스스로 취하는 직무 외 행동으로 구분할 수 있다. 조직은 공식적으로 규정된 역할의 수행이나 기술의 사용만으로는 운영될 수 없기 때문에 구성원들의 협동하려는 자발성이 반드시 필요하며(Organ, 1964) 조직을 효과적으로 운영하기 위해서는 조직구성원들을 그 조직의 활동에 적극적으로 참여하도록 하여 규정된 역할을 책임감 있게 수행하고 정해진 역할 이상으로 자발적이고도 혁신적으로 행동하게 유도해야만 한다(Katz & Kahn, 1978).

조직시민행동(Organ, 1988)은 강제적/규범적이기보다는 자유재량적 행동으로서, 리더보다는 부하에게서 더 쉽게 감지되고 측정되어지는 행동이며(김덕상, 2002) 애타주의(altruism) 행태로서 "공식적인 보상을 염두에 두지 않고 공식적 직무역할 외의 원조나 도움을 제공함으로써 조직의 기능을 효과적으로 증대시키려는 행동"이라고 정의된다(윤정구, 임준철, 1998; Organ, 1988). 애타주의 행동이란 조직시민행동의 한 유형으로 "조직적으로 관련된 업무나 문제를 담당하는 특정 개인을 도우려는 취지를 가진 재량적 행동"을 말한다(Podsakoff, MacKenzie, Mooreman, & Fetter, 1990). 동료가 애타주의 행동을 보일 때, 그리고 동료와의 상호작용에 따른 충분한 자료와 정보를 가지고 있다면 그 동료를 신뢰하게 되고 동료의 문제를 자신의 문제로 인식하고 동료가 무엇을 필요로 하는지 알아서 적절히 대응하려고 하며 동시에 동료에 대해 비타산적으로 대인적 조직시민행동을 표출하게 된다. 그 결과 동료들의 성과도 높아지고 조직을 위한 자신의 기여도와 성과도 높게 평가된다는 것이다.

기존의 변혁적 리더십 연구에서는 대부분 가외노력, 효과성, 지도자에 대한 만족 등의 결과변수를 대상으로 단지 지도자의 역할 내(in-role) 업무수행에 대한 영향과 구성원의 만족에만 초점을 두고 있었기 때문에, 변혁적 리더십의 핵심요소인 역할 외 리더십이 추종자들의 업무 수행에 미치는 영향은 과거의 결과변인들로는 중요한 핵심적 영향력을 포착해 낼 수 없는 한계를 가지고 있었다(예, 백정하, 1998).

최근에 오면서 리더십 연구에서 조직시민행동의 중요성을 인식하고 활발한 연구가 진행되고 있다. 특히 조직구성원에게 비전을 제시하고 개별적 배려를 하며 지적자극을 통해 조직구성원을 고무하는 변혁적 리더십과 조직시민행동에 대한 연구들(구갑문, 1998; 박성찬,1997; 정기수, 1998; Podsakoff, MacKenzie, Mooreman, & Fetter, 1990)과 변혁적 특성이 높은 리더가 그렇지 않은 리더에 비하여 부하들의 몰입수준 및 조직시민행동을 높게 평가한다는 연구(Koh, Steers, & Terborg, 1995)가 있다. 이들에 의하면 변혁적 리더의 부하들은 과업에 대단히 높은 의미를 부여하도록 리더에 의해 기대되며, 그렇듯 과업에 대한 높은 의미부여는 부하들의 자아개념을 리더와 공동체를 위한 행동에 연결짓도록 한다. 그 결과 부하들은 (1) 리더의 사명에 대하여 개인적으로 몰입하게 되고, (2) 공동체의 사명을 위하여 기꺼이 자신의 희생을 감수하려 하며, (3) 조직 전체를 위해 자신에게 주어진 역할 이외의 행동들을 마다하지 않게 되고, (4) 자신의 직무와 생활에 커다란 의미를 부여하게 되는 것이다(Shamir, House, & Arthur, 1993).

　그러나 변혁적 리더십이 조직시민행동과 정의 관계를 가질 것이라는 가설이 지지되지 않은 연구(Howell & Hall-Merenda, 1999), 변혁적 리더십과 거래적 리더십이 조직시민행동에 모두 긍정적인 영향을 준다는 연구(김용동, 2002), 거래적 리더십이 조직시민행동에 유의한 결과를 나타낸 연구(Schnake, Cochran, & Dumler, 1995) 등의 결과에 근거하여 본 연구에서는 리더의 변혁적 및 거래적 리더십행위는 추종자들의 조직시민행동을 유발하는데 긍정적인 영향을 미칠 것으로 기대하여 조직시민행동을 리더십의 새로운 결과변수로 설정하였다.

2. 리더십과 정통성 지각과의 관계

리더에 대한 정통성은 추종자에 대한 리더의 행동명령, 지시, 요구, 영향력 행사 등을 추종자가 당연하다고 믿는 정도를 말한다 (Choi, 1995). 이러한 정통성은 French & Raven(1959)이 주장하는 합법적 권력(legitimate power)과는 다른데 이는 조직에서 관리자에게 부여하는 권위(authority)를 의미하는 것이며 본 연구에서의 정통성(legitimacy)이란 추종자들 리더의 권위(authority)를 자발적으로 수용(accept)하고 인정(approve)하여 리더에게 부여하는 것이다.

리더에 대한 정통성 지각은 신용(credibility), 신뢰(trust), 혹은 충성심(loyalty)으로 설명되는데(Hollander, 1992) 추종자들은 이기적이고 부당한 리더를 거부하며(Hollander, 1961) 그러한 리더는 정통성이 있다고 생각하지 않게 된다. 이와는 반대로 추종자들은 자발적으로 힘들고 위험한 일을 수행하고 권한의 사용을 억제하는 자기희생적 리더는 추종자로 하여금 이타적이고 공정한 리더로 인식하도록 강한 인상을 주게 되며(Choi, 1995) 추종자들은 그 리더가 그들과 가깝고 비슷하다고 인지하게 된다. 리더가 권한행사의 특권을 포기할 때 추종자들이 리더에 대하여 정통성을 지각하는 것은 더욱 촉진될 것이다.

자기희생적 리더십 연구(Choi, 1995; 1999; Choi & Mai-Dalton, 1998)를 제외하고는 기존의 변혁적 및 거래적 리더십 연구에서는 리더에 정통성 지각에 대한 연구보다는 추종자가 리더에 대하여 느끼는 만족(leader satisfaction)에 대한 연구(Bass, 1985, Hoover, Petrovska, & Schultz, 1991; Koh, Steers,

& Terborg, 1990; Atwater & Yammarino, 1989; Avolio & Howell, 1992; Young, 1990; Seltzer & Bass, 1987)가 대부분이었음을 알 수 있다.

본 연구자는 일반 영리조직을 대상으로 한 변혁적 리더십 연구에서 리더십행위의 결과변수로써 추종자들이 리더에 대하여 느끼는 만족이라는 변수는 목회자 리더십의 효과를 측정함에 있어서 다소 부족함이 있다고 판단하였다.

조직의 특성상 조직구성원들이 자발적이면서 희생적인 신심을 바탕으로 이루어져 있는 교회조직은 기업에 속해 있는 조직구성원을 관리하는 관리자들과는 달리 그 관리자인 목회자의 권한이 엄정한 안수과정, 교회 담임목회자 선발과정, 양성과정, 인사발령 등과 같이 통일성을 유지하면서 시행되는 교회법과 규정들의 합법성에서 나온다. 또한 교회는 구성원의 성격상 목회자가 구성원인 성도들에게 강압적인 힘을 발휘하지 못하며 완전히 자발적인 성도들의 규칙적인 출석과 참여로 이루어져 있다. 목회자가 성도에게 규칙적인 참여를 권할 수는 있지만 강요를 할 수는 없는 것이다. 교회조직의 특성상 목회자의 리더십행위는 곧 성도들의 자율적인 출석과 참여를 유발하는데 큰 역할을 하며 목회자에 대한 추종자들의 절대적인 신뢰와 충성심은 목회자의 리더십행위에 대한 만족 그 이상의 심오한 뜻을 내포하고 있기 때문이다. 목회자에 대한 정통성 지각이란 결국 성도들이 목회자에 대하여 자신들의 영적인 리더로서의 자격을 인정하고 받아들이는 만족 이상의 더욱 구체적이고 형이상학적인 추종자 반응이기 때문이다.

따라서 본 연구에서는 교회조직에서 리더인 목회자의 리더십행위에 대하여 추종자들이 목회자에 대하여 신용, 신뢰, 충성심의 정도를 뜻하는 보다 고차원적인 변수인 정통성 지각을 목회자의 새로운 리더십 결과변수로 설정하였다.

제4절 추종자 특징과 리더십과의 관계

1. 리더와 추종자의 정의

리더십의 유효성은 리더와 리더십, 추종자(follower)와 팔로워십(followership)의 상호작용의 결과로 나타난다고 볼 수 있는데 (예, 오점록, 1998) 리더십을 이해하기 위해서는 리더뿐만이 아니라 추종자의 특성과 유형을 이해하고, 조직 내의 추종자와 리더 및 리더십과의 관련성을 포괄적으로 이해하는 것이 필요하다.

follower라는 단어는 '타인의 가르침을 따르는 사람', '타인을 모방하는 사람'으로 Webster's New Collegiate Dictionary에 정의되어 있다. 원래 Follower의 어원은 고지대 독일어였던 Follaziohan이라는 말에서 비롯된 '돕다, 후원하다, 공헌하다'라는 의미를 가지는 단어이다. 이에 대응하는 Leader라는 말의 독일어 고어는 '참다, 고통받다, 견디다'의 의미를 가진다. 따라서 follower를 어원으로 풀이한다면 '남의 도움을 필요로 하는 리더를 돕는 존재'를 뜻한다. 이러한 사전적 정의에 의하면 추종자들은 리더로부터 명백한 지시를 받기 전까지는 아무 것도 할 수 없고, 무조건 지시에만 복종한다는 것을 의미한다.

근대에 들어와 적자생존의 논리가 사회를 지배하기 시작하면서 리더는 승자이며 추종자(follower)는 패자로서 부하(subordinate)라는 위계질서 관념이 만연해졌다. 그리하여 여러 리더십 이론들에서 추종자는 수동적이며 리더의 아랫사람 또는 상하관계에서의 '부하'라는 이미지를 가진 사람들로 인식되고 연구되어 팔로워십을 리더십의 하위개념으로서 '주어진 상황에서 조직 목표 달성을 위하여 리더가 의도하는 바에 따라 추종자가 개인이나 집단적 노력에 참여함으로써 개인적 목표를 획득하는 과정'이라고 취급하였다(Wortman, 1986).

본 연구에서는 리더란 '리더–추종자의 상호작용과정 속에서 추종자(follower)들로 하여금 특정한 방식을 사고하고 행동하도록 유도하는 사람'으로 정의하며 리더십(leadership)은 '리더가 추종자들과의 상호작용 속에서 의도적으로 발휘하는 영향력' 또는 '사회심리적인 과정으로서 리더와 추종자의 상호작용(interaction)의 과정으로써 리더와 추종자들이 공동으로 생산해내는 관계'로 정의한다(Dvir & Shamir, 2003).

또한 리더십 연구에서의 추종자의 경향과 특징의 중요성을 실증적으로 연구할 필요성을 인식하여(Conger & Kanungo, 1987; Klein & House, 1995) 추종자(follower)는 '조직의 목표를 달성하기 위한 과정에서 리더와 리더십행위에 능동적인 영향을 상호교환 하는 리더십의 잠재적인 동반자'로 정의하고 팔로워십은 '조직 구성원이 사회적 역할과 조직목적 달성에 필요한 역량을 구비하고, 조직의 권위와 규범에 따라 주어진 과업과 임무를 달성하기 위한 제반 활동과정'으로 정의한다.

2. 추종자 특징과 리더십

기존의 리더십 특성이론과 행위이론 등의 연구들은 대부분 영웅적인 한 리더의 추종자에 대한 일방적인 영향력의 중요성을 강조하는 리더십을 정의하는데 치중하였다(Yukl, 1998). 이로 인하여 리더십 연구자들은 리더십 과정에서 리더의 행동범위를 결정하고 형성하는 데 중요한 역할을 하는 추종자(follower)에 대해서는 상대적으로 관심이 소홀해지게 되었다(Bass, 1990a; Hollander, 1992).

Weber(1924/1947)는 추종자의 나약함(weakness)에 근거하여 카리스마적 리더십을 정의하고 추종자의 특징 중 힘, 독립성, 사전행동성을 강조하면서, 추종자를 리더와 대립되는 수동적인 의미로 간주하였다. 즉, 전통적인 거래적 리더십 관점에서 리더는 추종자에게 지시, 도움, 재강화를 주는 존재이며 추종자는 리더와 합의한 수준의 성과를 달성하는 존재로 묘사하여(Avolio & Bass, 1988; House & Shamir, 1993) 추종자를 전형적으로 리더에 의해 영향을 받는 종속변수(dependent variable)로 단정하고 리더의 특질, 행동, 권력기반, 영향력, 전술 등이 추종자의 태도, 행동, 특징(characteristics) 등에 미치는 영향을 연구하는 데만 치중하였던 것이다(Yukl, 1998).

추종자를 리더십의 하위개념으로서가 아닌 독립적이고 주체적인 존재로 연구하시 시작한 Sanford(1950)는 추종자를 개인적으로 리더를 받아들이거나 거절할 수 있을 뿐만 아니라 리더가 어떠한 개인적 권력을 가지고 있더라도 실제로 조직 일선에서 구체적인 업무결정을 하는 존재로 간주하고 리더십의 중요한 상황요인으로 보았다.

또한 추종자의 특징이 리더행동에 영향을 주는 독립변수이며 리더의 행동을 예측하는 선행변수(predictor)라는 Merton(1957)과 Osborn & Hunt (1975)는 연구도 있지만 이들 연구들은 리더 행동에 영향을 주는 요인으로 추종자의 특징, 경향 혹은 태도 등에 대한 것보다는 겉으로 드러난 추종자의 행동에 치중하여 연구하였다 (Bass, 1990a).

1970년대에 들어오면서 추종자에 대한 관심과 연구가 대두되면서 추종자 자체에 대한 연구가 활발히 진행되었다. 예를 들어, 상황이론(Fiedler, 1964)에서는 추종자를 리더십 효과에 영향을 미치는 상황요인으로 보았고 리더-멤버 교환이론(leader member exchange theory)에서는 리더와 추종자간의 상호작용을 강조함으로써 리더십은 리더의 행동, 개성, 권력에 의한 것뿐만 아니라 추종자의 반응에도 좌우되어서 결국 리더의 결과적인(subsequent) 행동은 추종자의 영향을 받게 된다는 것을 주장하였다(Dansereau, Graen, & Haga, 1975).

House(1971)는 그의 목표-경로이론(path-goal theory)에서 조직행동과 관련이 높은 개인의 성격으로서 통제 위치(locus of control)를 추종자의 즉응력(卽應力, readiness)개념에 추가하여 연구하였다. 그는 집단구성원(추종자)들의 개인 특성에 관련된 변수(직무능력, 통제위치, 욕구상태 등)를 작업환경 변수(과업의 특성, 조직의 권한체계, 작업집단의 특성)와 함께 상황변수로 제시하여 연구하였다. 이와 같이 리더십 상황이론(contingency theory)에서는 추종자 자체에 대한 관심이 처음으로 표출되어 추종자를 조금 더 중심적이고 능동적인 역할로 묘사하면서(Fiedler, 1964;

House, 1971; Vroom & Yetton, 1973) 리더-추종자 간의 관계를 상황변수로 규정하여 연구하기 시작하였다.

1980년대에 들어오면서 이러한 상황이론적 관점의 연구들이 활발히 진행됨에 따라 본격적인 추종자에 대한 연구가 시작되었다. Hersey & Blanchard(1982)는 추종자의 성숙도를 리더십 유형을 결정하는 유일한 독립변수로 보고 리더는 추종자의 태도나 행동을 보고 성숙도를 감지하여 적절한 리더십을 선택하여 발휘해야 한다고 주장하였다. 즉, 이때부터 리더는 겉으로 나타난 추종자의 행동뿐만 아니라 추종자의 태도나 성숙도에 대한 관심과 중요성을 인식하여 이에 적합한 리더십 유형을 결정하여 발휘해야 한다는 주장이 대두되기 시작한 것이다. 이러한 상황이론적 관점에서는 추종자가 더 이상 리더의 하위개념이 아니며 리더의 영향을 받기도 하고 리더에게 영향을 주기도 하는 상호적인 존재로(Moore, 1976) 부각되었지만 기본적으로는 아직까지 리더와 추종자 관계를 상하관계로 암시하고 있기 때문에 리더와 동등한 권한을 가진 추종자라고 보기는 어려우며 추종자 자체에 대한 연구는 아니라고 할 수 있다.

1980년대에 상황이론과 함께 주류를 이루었던 리더중심의 거래적 리더십, 변혁적 리더십, 카리스마적 리더십은 상황이론적 관점과는 달리 모두 리더의 독특한 성격이나 행위를 이해하는 것이 주된 가정이었을 뿐이며(Meindle, 1990) 엄밀히 볼 때 추종자를 리더십 과정에서 단순한 리더십의 수용대상으로 연구함으로써 추종자 자체에 대한 연구는 아니라고 할 수 있다. Burns(1978)는 리더십과 팔로워십의 상호관련성과 관련하여, 리더십이란 '리더가 리더 자신과 추종자 모두의 동기와 가치를 담고 있는 특정한 목표를 실행에 옮기도록 추종자들을 유도하는 과정'이라고 정의하면서, 리더십의 진정한 의미는 리더 자신과 추종자들의 가치와 동기를 파악하고 이를 실현하는 데 있다고 보았다(Burns, 1978). 그러나 이러한 추종자에 대한 Burns의 관점은 추종자의 존재가 아직까지 리더십 목적 혹은 결과로서 수동적인 범위를 벗어나지 못하고 있음을 알 수 있다.

또한 MLQ(Bass, 1985)의 변혁적 리더십에 관한 문항들을 살펴보면 리더십이 리더와 추종자의 쌍방적 과정(two-way process)이 아니라, 리더가 추종자에게 미치는 영향에 관한 것이 대부분이다(Smith & Peterson, 1988). 이러한 사실은 변혁적 리더십을 측정함에 있어서 가장 널리 사용되고 있는 척도인 MLQ조차 본질적으로 추종자 자체에 대한 관심을 배제하고 있음을 의미하는 것이다.

이후 1980년대 후반부터 본격적인 추종자에 대한 연구가 시작되면서 추종자 특징에 대한 관심이 증대되었다. 예를 들어, 카리스마적 리더들의 추종자들이 리더에게 의존하는 성향이 있다는 정치학자와 심리학자들의 카리스마적 리더에 대한 연구(예, Kets de Vries, 1988)가 있다. 이들은 카리스마적 리더의 추종자들은 낮은 자아확신성(self-confidence)과 낮은 신념(conviction)을 가지고 있기 때문에 카리스마적 리더에게 더욱 쉽게 융화되고 설득된다고 하였다.

추종자의 자아통제력(self monitoring)의 높고 낮음이 리더와의 카리스마적 관계의 잠재적인 사회적 전염유형(social contagion style)의 정도를 결정하는 선행변수라는 연구(Snyder, 1974), 리더의 능력과 배우려는 욕구, 개인적인 도전과 성장욕구, 주어진 사명(mission)의 매력과 보상 등에 대하여 더욱 건설적인 동일성(identification)을 가지는 추종자들은 카리스마적 리더와 변혁적

리더를 선호한다(Bass, 1985; Shamir, House, Arthur, 1993)
는 연구, 성취지향 및 자긍심(self-esteem)을 가진 추종자들은 카
리스마적 리더를 선호한다는 연구(Ehrhart & Klein, 2001) 등이
있는데 이들은 모두 리더십 유형을 결정하는 선행변수로서 추종자의
특징과 리더십 유형의 상관관계를 살펴본 것이다.

위에서 본 바와 같이 리더십 연구 분야에서는 조직의 성공과 실
패를 종종 리더(leader)에게만 불합리하게 귀속시키고 추종자
(follower)라는 용어를 '부하', '타인을 모방하는 사람', 혹은 '타인
의 가르침을 따르는 사람' 등 협소하고 제한적으로 이해하였다
(Meindle, 1990). 또한 추종자의 피동적인 측면만을 다루고 추종
자들의 능동성이나 적극성들은 경시하여 결과적으로 팔로워십에
대한 연구가 극소수에 불과하게 되었고(박봉수, 1994) 현재까지
리더십 연구에서 추종자에 대한 중요성과 학문적인 지식이 거의 알
려지지 못하게 되었던 것이다(Ehrhart & Kelin, 2001).

그러나 리더와 추종자의 관계는 반드시 상하관계로만 형성된
것은 아니며 리더가 추종자에게 영향력을 행사하지만 추종자 또
한 리더에게 영향력을 행사하는 것을 간과해서는 안 된다. 다시
말하면 추종자들은 전문성, 혁신적 아이디어, 충성의 정도, 리더
에 대한 수용(Barnard, 1938) 등을 통해서 리더에게 영향력을
행사하는 것이다. 이런 측면에서 보면 추종자들은 주어진 상황에
서 표면화되지 않은 잠재적 리더(potential leader)라고 할 수
있다. 일부 리더들은 추종자들을 '통제해야 할 적대자'로 파악하기
도 하지만, 추종자들은 무한히 개발될 수 있으며 조직에 기여할
수 있는 협력자로서의 역할을 수행할 수 있는 존재인 것이다.

또한 배분적인 리더십(distributive leadership)에서는 부하

(subordinate)나 집단구성원(group member)을 추종자가 아닌 리더십 동반자(leadership co-actor)라 부르며 추종자의 중요성을 강조하는 것을 볼 수 있다(Chen & Velsor, 1996). 이것은 좋은 리더가 좋은 추종자를 만들며 리더란 '추종자'를 가진 사람이라는 뜻으로써 결국 리더십은 추종자에 의해서 보완되고 추종자는 리더십을 보완해주는 역할을 함으로써 리더십과 추종자는 서로 불가분의 관계임을 뜻하는 것이다(Townsend, 1997).

따라서 본 연구는 리더들은 가능한 한 충분히 추종자들과 리더십 과업을 공유하고 그들의 개인적 특징에 관심을 가져야 한다고 주장한다. 왜냐하면 리더와 추종자는 서로가 불균형적인 권력임에도 불구하고 서로 상호 관계를 형성하여 궁극적으로는 조직의 결과를 형성해내는 능동적인 역할을 하기 때문이다(Shamir & Howell, 2000). 즉, 리더와 리더십에 관한 개념들은 각각 독립적으로 존재하는 것이 아니라 두 개념 모두 추종자와 팔로워십(followership)에 의존한다고 할 수 있다.

따라서 본 연구는 리더는 추종자가 있기에 존재의 가치가 있으며 리더는 추종자들과의 상호작용을 통한 리더십을 행사하는 것이 중요하므로(Bennis & Nanus, 1985) 리더십이란 결국 팔로워십이 있으므로 인해 그 가치를 인정받을 수 있다는 것을 전제로 하였다.

3. 팔로워십 이론의 발전

팔로워십 이론은 영국의 여성학자 M. P. Follet이 1933년에 런던대학 정경학부 경영학과에서 최초로 팔로워십의 중요성에 대하여 강의를 한 것이 시초의 연구로 인식되고 있다. 그 후 팔로워십 이론의 연구에 진전이 없다가 1985년도에 Gilbert가 미 해군에서 우수한 팀에서의 팔로워십 특성을 연구하여 훌륭한 추종자의 18가지 특성을 제시하였다.

1988년도에 이르러 Kelley가 추종자 역할에 대한 전문적인 연구를 시행하여 본격적으로 개념을 정립하기에 이르렀다. 그는 추가적으로 1992년도에 팔로워십의 유형을 네 가지로 분류하여 제시하였으며 이 연구로 인하여 팔로워십에 대한 연구가 점점 확산되어 가는 계기를 마련하였다(오점록, 1998). Kelley는 두 단어 사이의 관계는 원래 평등했던 것으로 보았으며 바람직한 추종자를 '나무와 숲을 동시에 보는 통찰력과 타인과 잘 융합할 수 있는 사회적 역량을 지니고 있고, 지위와 상관없이 활동하며 어떤 목적을 달성하기 위해 적극적으로 참여하고 노력하려는 의지를 보유하고 있는 자'라고 정의하였다(Kelley, 1988). 그는 팔로워십의 유효성이 조직의 유효성에 기여할 수 있는 길은 기타 유형의 추종자로 하여금 스스로 자신의 장점과 약점을 파악하여 개인과 집단발전에 기여할 수 있도록 원활한 인간관계를 유지하고, 조직 내 활동에 적극적으로 참여하며, 직무수행 시 창의적인 사고력을 발휘하고 자신감과 용기를 갖도록 변화시키는 것이 필요하다고 주장하였다.

Block(1993), Chaleff(1998), Kelley(1988), Moore(1976) 등의 연구자들은 추종자 개발의 권한위임 영역을 세 가지 변수인 비판-독립적인 사고(independent-critical thinking), 작업에의 적극적 참여(active engagement in the task), 자신감(self-efficacy)으로 정의하고 효과적인 팔로워십의 권한을 이 세 가지 변

수로 정의함으로써 추종자 연구의 중요성을 부각시켰다. 여기에서의 비판－독립적인 사고란 자율적으로 생각하고 행동하는 것을 말하며 작업에의 적극적인 참여란 높은 수준의 활동성, 솔선수범, 책임성이라는 면에서 추종자의 역할에 투자된 에너지를 의미한다. 또한 자신감이란 작업을 수행하거나 성공적으로 행동을 실행하는 자신의 능력에 대한 믿음(belief)을 뜻하고 있다. 이러한 연구를 바탕으로 실제적으로 리더와 추종자는 서로 다른 개념이며 각자 별도의 역할을 담당할 뿐만 아니라 조직의 성과를 높이기 위해서는 양쪽 모두 최고의 기량을 발휘해야 한다는 주장이 Kelley(1994)에 의해 제기되었다.

Kelley(1994)는 실제 영리기업의 조직구성원(추종자)들을 대상으로 집중적인 면담을 실시하여 독자적인 팔로워십 모델을 개발하여 추종자 유형을 독립－비판성향(independent-critical thinking)과 적극적 참여(active engagement in the task)라는 두 영역으로 분류하였다. 독립－비판성향을 가진 추종자들은 "스스로 생각하고(think for themselves)", "건설적인 비판을 제공하며(give constructive criticism)", "혁신적이고 창조적인(innovative and creative)" 사람들로 묘사되었다. 과업에 능동적으로 참여하는 추종자들은 "사전적인(proactive)", "스스로 알아서 배우고 일하는(self-starters)", "솔선수범하는(take initiative)", "능동적으로 참여하는(participate actively)", "요구되는 과업 이상을 수행하는(go above and beyond the job)" 사람들로 묘사되었다.

Kelley(1994)는 이렇게 추종자의 사고(thought)와 행위(action)를 언급하였지만 추종자가 조직에 완전한 공헌자가 되기 위해서는 독립－비판성향을 기르고 이와 더불어 실제로 수행하는 능력과 용기도 개발해야 한다고 주장하였다. 즉, 기존의 리더십 이론에서의 추종자에 대한 연구들과는 달리 추종자 존재의 중요성을 인식시켰을 뿐만 아니라 추종자의 적극적인 행동과 독립적인 생각을 강조하여 리더십뿐만 아니라 조직의 성과를 높이는 데 있어서 추종자들이 필수적인 요소임을 강조하였다. <표 4>는 Kelley의 5가지 팔로워십 유형에 따른 특징과 설명이다.

국내에서의 팔로워십 연구들은 기업조직보다는 주로 학교, 군부대 등에서 수행되었다. 교사들의 팔로워십 유형과 학교장의 변혁적 리더십 유형(박경수, 2001), 군 장성의 리더십 유형과 군 사병들의 팔로워십 유형(오점록, 1998), 팔로워십 유형과 리더십 효과, 직무만족과 팔로워십 유형(이재호, 2001), 교사의 팔로워십과 학교장의 변혁적 리더십(전영숙, 1999), 조직구성원의 팔로워십 수준과 리더십 효과(김지은, 1995; 박봉수, 1994) 등의 연구들이 있다.

현재까지 국내외 팔로워십 연구들은 대부분 독립변수 혹은 종속변수로만 연구되었고 추종자 자체에 대한 연구가 부족한 것을 알 수 있다. 기업조직에서조차 추종자에 대한 연구를 찾아보기 힘든 것이 사실이기 때문에(Conger & Hunt, 1999) 최근에는 추종자의 특징이 카리스마 및 다른 리더 유형에 대한 추종자의 반응에 간접적인 영향을 미치는 조절역할을 할 것이라는 연구가 필요하다는 주장이 대두되었다(Ehrhart & Klein, 2001). 예를 들어, 추종자의 Big Five 성격특징, 긍정적, 부정적 감정상태, 과거의 직업경험이 리더에 대한 선호(attraction)와 리더에 대한 반응에 영향을 미칠 수 있음을 예상할 수 있다.

<표 6> 팔로워십 유형 및 특징

팔로워십 유형	독립-비판성향	참여 성향	특 징
모범형	높음	높음	독립적 사고, 적극적 참여, 혁신적, 독창적, 건설적 비판. 솔선수범하는 태도를 보임. "The effective follower"
소외형	높음	낮음	비판적인 사고는 있으나 역할수행에는 적극적이지 못함. "The alienated individual"
순응형	낮음	높음	독립적 사고가 부족하여 리더에게 지나치게 의존. 리더에게 순종, 복종을 매우 잘함. "The conformist"혹은 "Yes-People"
실무형	중간	중간	시키는 일은 잘 수행하나 그 이상의 모험은 하지 않으며 실패하려고 하지 않음. "Fence sitter".
수동형	낮음	낮음	생각도, 참여도 하지 않는 스타일. 책임감이 결여됨. 솔선하지 않고, 지시없이는 움직이지 않음. "sheep".

자료: Kelley, R. E. (1994), *The power of followership*. New York: Doubleday.

제4장 연구모형 및 가설설정

제1절 연구모형의 설정

본 연구는 변혁적 리더십과 거래적 리더십에 관한 기존의 연구들이 리더십 효과간의 직접적인 관계만을 연구함으로써 그동안 간과해왔던 추종자(follower) 자체에 대한 구체적이며 실증적인 분석을 목적으로 한다.

앞장의 문헌연구를 통하여 현재까지의 기업조직에서 조차 추종자에 대한 연구는 양적으로나 질적으로 미비한 상태이며 기존의 팔로워십 연구에서 추종자의 특징이나 팔로워십 유형은 리더십 유형을 결정하는 독립변수 또는 리더십 유형에 의해서 결정되는 종속변수로서만 연구되어왔음을 알 수 있었다. 또한 기존의 목회자리더십연구의 대상이 대부분 목회자에 치우쳐 있으며 교회조직의 추종자에 대한 연구는 매우 미비함도 볼 수 있었다.

조직의 성공여부는 리더의 기여가 20%, 추종자의 기여가 80%라고 하는 Kelley(1994)의 주장과 추종자를 리더십 상황요인들 중에서 가장 중요한 요인으로 본 Sanford(1950)의 주장을 감안하면 추종자에 대한 연구가 매우 중요하다는 것을 알게 된다. 과연 몇 %의 기여가 추종자에 의하여 이루어지는지 확언할 수 없으나 추종자의 기여도가 절대적으로 중요함을 부인할 수는 없는 것이다. 어떤 상황에서나 추종자는 개인적으로 리더를 받아들이거나 거절

할 수 있을 뿐만 아니라 리더가 어떠한 개인적 권력을 가지고 있더라도 실제로 조직 일선에서 구체적인 업무결정을 하는 사람은 추종자이기 때문이다(김용동, 2002).

본 연구는 전체적으로 대표적인 상황이론인 리더-추종자 관계, 과업 구조, 직위 권력을 상화 조절변수로 제시한 Fiedler(1964)의 상황이론, 추종자의 성숙도에 따라 리더십 스타일을 달리해야 한다고 주장하는 Hersey & Blanchard(1977)의 성숙도 이론, 리더십의 효과가 추종자들의 리더십 수용정도에 따라 조절된다는 Podsakoff, MacKenzie, Mooreman, & Fetter(1990) 등의 연구에 근거한다.

따라서 본 연구에서는 교회조직의 문화적 특징과 기존의 목회자리더십 연구와 추종자 연구 등의 연구결과를 바탕으로 목회자의 리더십행위(카리스마, 개별배려, 지적자극, 상황보상, Bass, 1985; 자기희생, Choi, 1995)와 성도들의 반응(조직시민행동과 정통성 지각)을 연구할 뿐만 아니라 목회자리더십의 효과를 증폭시키거나 소멸시키는 작용을 하는 추종자의 특징을 연구하는 것이 목적이다. 즉, 리더십에 대한 조절변수로서 추종자의 특징과 그 특징이 리더십에 주는 영향을 연구하여 교회조직의 목회자리더십행위효과는 조직효과성 변수와 직접적인 관계를 맺음으로써 결정될 뿐만 아니라, 추종자 특징이 조절작용을 함으로써 리더십의 효과에 차이가 있을 것으로 기대한다.

그러므로 본 연구에서는 목회자리더십 효과에 영향을 미치는 성도의 특징으로는 Kelley(1994)의 팔로워십 이론에서 추종자 유형분류에 사용하였던 독립-비판성향이라는 개인수준의 변수를 선정하였다. 그 이유는 첫째, 최근 들어 조직 내의 개인특성에 관한 관심이 증대되고 비영리조직인 종교조직에서의 구성원들의 개인적인 특징(독립－비판성향)에 따라 목회자리더십의 결과가 차이가 날 것이라고 판단하였기 때문이다. 둘째, 교회조직의 강한 문화(strong culture)의 영향으로 성도들은 교회내의 신앙생활과 관련된 제반활동을 수행할 때 교회조직문화에 맞는 순종적인 태도를 취하기가 쉬울 것으로 기대하였기 때문이다. 왜냐하면 교회조직은 영리조직과는 달리 리더행위에 대한 추종자의 반응이 좀 더 다양하고 자유로울 수 있는 반면 강한 문화의 성격을 가지고 있기 때문에 성도들은 다른 영리조직의 구성원들보다 문제해결이나 의사결정과정에 있어서 독립적으로 생각(판단)이나 행동을 하지 않고 교회의 조직문화에 영향을 받아서 의식적, 무의식적으로 목회자에게 일관되게 순종하는 태도를 취하여 목회자리더십 효과에 영향을 미칠 것이라고 판단하였다. 예를 들어 독립－비판성향이 높은 성도들보다 독립－비판성향이 낮은(혹은 순종성향이 높은) 성도들의 리더십행위에 대한 반응은 다를 것이다. 즉, 목회자의 리더십행위(카리스마, 개별배려, 지적자극, 자기희생, 상황보상)의 결과변수인 성도의 반응(조직시민행동, 정통성 지각)은 독립－비판성향이 높은 성도들보다 순종성향을 가진 성도들이 더 높을 것으로 가정하였다.

또한 본 연구에서 목회자리더십연구모델에 Greenleaf(1977)의 봉사적 리더십(servant leadership)행위를 포함하지 않은 이유는 Greenleaf의 주장과 종교조직의 목회자와 추종자, 그리고 조직구조에 대한 본 연구자의 관점이 다르기 때문이다. 원래 봉사적 리더십은 세계적인 속달우편회사인 FedEx사의 Robert Greenleaf 회장의 서비스 이념인 "People First" 정신을 구체화한 이론으로서 영리조직이 성공적이기 위해서는 일반적인 피라미드 구조로 된 조직보다는 역피

라미드 조직이 바람직하므로 맨 말단의 실무자를 조직구조의 맨 위에 배치하고 이들을 섬겨야 한다(Spears, 1995)고 강조한다. 그러나 본 연구에서는 교회조직에서 가장 위에는 하나님, 삼각형 맨 밑에는 성도, 하나님과 성도를 이어주는 중간에는 예수 그리스도가 위치한다고 주장한다. 목회자는 신으로부터 받은 소명(calling)과 사명(mission)을 가지고 성도들로 하여금 예수 그리스도를 통해서 천국의 소망을 가지고 영생을 얻을 수 있도록 성도들을 인도하는 영적 리더인 동시에 성도와 함께 예수를 믿고 섬기며 성경말씀을 실천하는 성도들과 동등한 예수의 추종자인 것이다. 따라서 본 연구에서는 영리조직의 말단에 위치한 추종자들을 섬기는 행위를 중시하고 그 자체가 주된 목표인 봉사적 리더십은 본 연구의 비영리 교회조직의 목회자리더십모델에 적합하지 않다고 판단하였다.

본 연구의 연구모형은 <그림 1>과 같다.

<그림 1> 연구모형

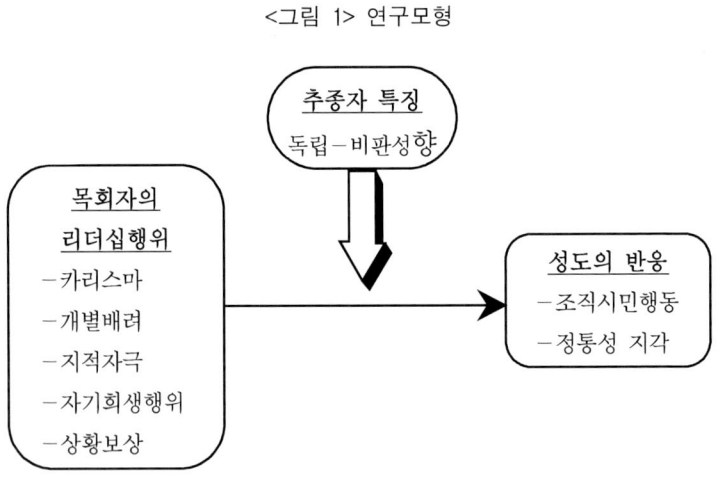

제2절 가설설정

1. 목회자의 리더십행위와 성도의 조직시민행동과 정통성 지각에 관한 가설

최근 변혁적 리더십이 전통적(거래적) 리더십에 비하여 추종자들의 성과와 만족, 집단 효과성, 그리고 리더의 유효성에 보다 큰 영향을 미치고 있음이 많은 연구에서 밝혀지고 있다(Organ, 1988; Podsakoff, MacKenzie, Moorman, & Fetter, 1990; Yamma-rino & Bass, 1990; Howell & Avolio, 1993; Avolio & Bass, 1988; Avolio, Waldman, & Einstein, 1998;). 이외에도 변혁적 리더십이 성과와 정(+)적인 관계를 갖고 거래적 리더십은 부(-)적 관계를 가지는 것을 발견한 연구(Howell & Avolio, 1993)와 리더가 행하는 상황보상은 추종자의 만족과 성과를 증진시킴을 주장한 연구(백정하, 1998)도 있다.

변혁적 리더십이 직무만족과 조직시민행동에 영향을 준다는 연구로는 Podsakoff, Mackenzie, Moorman, & Fetter (1990), Koh, Steers, & Terborg (1995), 박성찬(1997), 정기수(1998)의 연구가 있는데 이들 연구를 통하여 변혁적 특성이 높은 리더가 그렇지 않은 리더에 비하여 추종자들의 몰입수준 및 조직시민행동 의지를 높게 형성한다는 것을 알 수 있다. Bryman (1992)는 변혁적 리더십 행동이 추종자의 직무만족이나 직무성과에 긍정적인 영향을 준다고 하였으며 구갑문(1998)은 변혁적 리더십이 직무만족과 조직시민행동에 긍정적인 영향을 주었다는 연구를 발표하였다.

변혁적 리더십과 거래적 리더십과의 관계는 개념적으로 다른 차원의 것이기는 하지만 많은 연구들에서 우수한 리더는 이 두 가지 리더십을 모두 적절히 구사할 수 있는 리더임을 강조하고 있다(Bass, 1985, 1996; Kotter, 1990). Bass(1995)는 한 사람의 리더가 변혁적 리더십과 거래적 리더십을 동시에 발휘하는 동시성 향을 가지고 있다는 것을 증명하였으며 다른 학자들은 어떤 경우에는 거래적 리더십행위가 없으면 변혁적 리더십의 효과가 극대화될 수 없다고 주장하기도 하였다(Naddler & Tushman, 1990). 또한 Nadler & Tushman(1990)은 변혁적 리더십이 위기상황이나 사회적 변화가 일어나고 있는 시기에 효과를 발휘할 가능성이 높으며, 기계적 구조보다는 유기적 구조를 지닌 조직에서 효과를 거둘 가능성이 높다는 것을 제시하였는데 이것은 인구통계학적으로 매우 다양한 구성원으로 구성된 유기적 조직인 교회조직의 특징(조준래, 1996)과도 일맥상통한다고 볼 수 있다.

특히 Bray(1991)는 변혁적 및 거래적 리더십 이론을 미국의 교회조직에 대입하여 연구한 결과, 미국의 목회자들이 거래적 리더십행위보다 변혁적 리더십행위를 더욱 빈번하게 수행한다는 것을 발견하였다. 목회자와 성도들이 교회리더십에 대하여 이상적으로 생각하는 것에는 차이가 있어서 성도들은 목회자의 거래적 행위를 더 선호하는 반면, 목회자들은 변혁적 리더십행위를 더 선호하는 것을 증명하였다. Bray는 목회자들 스스로는 변혁적 리더십행위를 하는 목회자가 성공적인 목회자라고 생각하고 있으나 성도들은 목회자가 변혁적 리더십행위를 할 경우에 그 목회자를 성공적이지 못한 리더(unsuccessful leader)라고 간주하는 것을 발견하였다. 고찬근(1997)의 연구에서도 카톨릭 성도들은 성직자의 변혁적 리더십보다 거래적 리더십(상황보상, 예외관리)에 대하여 더 큰 선호를 나타내었다.

위의 여러 연구들을 종합하면, 일반 기업조직에서는 추종자들이 리더의 변혁적 리더십행위를 선호하며 변혁적 리더십의 효과가 거래적 리더십보다 높은 반면 교회조직의 추종자들은 거래적 리더십을 선호하는 것을 알 수 있다.

그러나 본 연구에서는 일반조직과는 달리 더욱 다양한 구성원들과 영적 친교(koinonia)의 속성을 가지고 하나님의 절대적인 사랑인 아가페를 실천하려고 모인 교회조직의 성도들은 추종자의 노력에 대한 보상, 지위 등을 교환하는 전통적(거래적) 리더십행위에도 영향을 받을 것으로 기대하였다. 왜냐하면 교회조직의 성도(추종자)들은 무엇보다 성경 전체의 핵심인 택하심을 받은 성도(선민사상)로서 하나님-성도 간의 관계와 목회자-성도 간의 관계를 동일시하기 쉽기 때문이다. 뿐만 아니라 기독교 신앙의 핵심인 '언약'과 '약속'의 절대적인 신의 믿음에 대한 명령과 언약의 말씀에 순종하면 '현세의 복'과 '내세의 천국'이라는 기독교 특유의 신앙을 가진 성도들은 목회자의 현재와 미래에 대한 보상(상황보상)행위를 기복신앙적인 단순한 거래나 교환이 아닌 목회자를 통한 하나님과의 약속을 지키는 것으로 여기며 보다 자연스럽게 친밀감(선호)을 느끼며 반응할 것이라고 생각하기 때문이다.

또한 성도들은 목회자의 상황보상이라는 거래적 리더십행위뿐만 아니라 카리스마적 속성을 가진 목회자가 지적자극과 개인배려 행위를 하며 이웃에게 현실적인 구제와 봉사를 베풀고 자신의 이익을 희생하여 사랑을 실천함으로써 성도들을 변혁시키는 변혁적인 리더십에도 큰 영향을 받을 것으로 기대하였다.

또한 목회자리더십의 성과를 측정하는 여러 가지 결과변수들이 있지만 본 연구에서는 교회조직에 가장 중요한 성과로서 조직시민행동과 정통성 지각이라고 판단하고 목회자 리더십의 결과변수로 선택하였다. 왜냐하면 교회와 조직구성원들(이웃)을 도와주는 성도들의 조직시민행동은 성경에서도 중시하는 성도들의 실천항목일 뿐만 아니라 기독교의 이웃사랑정신과도 부합되기 때문이다. 또한 담임목회자에 대한 정통성 지각은 성도들로 하여금 신앙생활을 영위하며 교회조직에 소속하게 하는 원동력이 될 수 있다고 기대하였기 때문이다.

따라서 본 연구는 비영리조직인 교회조직의 리더인 목회자들의 리더십행위(카리스마, 개별배려, 지적자극, 자기희생, 상황보상)는 성도들의 반응(조직시민행동, 정통성 지각)에 모두 긍정적인 영향을 끼칠 것으로 기대한다. 이것은 변혁적 리더십과 거래적 리더십을 명확하지만 상호적으로 배타적인 과정으로 간주하며 한 사람의(같은) 리더가 다른 상황에서 다른 시기에 두 가지 형태의 과정을 사용할 수도 있다는 Bass(1985)의 주장과도 일치하는 가설이다. 따라서 목회자의 리더십행위에 대한 성도들의 반응에 대한 각각의 가설은 다음과 같다.

H1a: 목회자의 리더십행위(카리스마, 개별배려, 지적자극, 자기희생, 상황보상)는 성도들의 조직시민행동을 증가시킬 것이다.
H1b: 목회자의 리더십행위(카리스마, 개별배려, 지적자극, 자기희생, 상황보상)는 성도들의 정통성 지각을 증가시킬 것이다.

2. 목회자의 리더십행위와 성도의 조직시민행동과 정통성 지각 간의 관계에 대한 독립-비판성향의 조절효과

리더-추종자 간의 관계성에 있어서 리더가 리더십을 계속적으로 발휘하려면 효과적으로 추종자를 이끌어야 하고 추종자 또한 적극적이고 능동적인 자세로 리더를 따라야 한다는 Heller & Van Til(1983)의 주장처럼 향후 21세기의 리더십 연구 분야에서 추종자 특징은 앞으로 연구가 진행되어져야 할 매우 중요한 조절변수의 역할을 할 것임을 기대할 수 있다.

추종자 특징의 조절효과에 관한 연구자인 Robbins(2001)는 House의 목표-경로이론을 제시하면서 리더십행위와 효과를 조절하는 상황적인 변수로서 1) 추종자의 통제 밖에 있는 환경적인 요인과 2) 개인적인 특성을 제안하였다.

Hersey & Blanchard(1971)의 성숙도 이론에서는 리더십 효과가 추종자의 과업수행에 필요한 능력인 직무 성숙도와 과업수행에 필요한 동기, 의욕, 자신감, 자발성 등의 심리적 성숙도에 의하여 조절될 것이라고 하였다. Randolph & Blackburn(1989)는 이러한 심리적 성숙도를 의지(willingness)라고 명명하였는데 의지는 어떤 일을 할 수 있는 동기화에 관련된 것으로서 일에 대한 의지와 자신감을 말한다. 어떤 업무나 어떤 직무에서 심리적 성숙도(의지)가 높은 사람은 그들이 맡고 있는 직무에 대한 책임을 중요시하고 그 직무에 대한 자신감을 갖고 있으며 자족한다고 주장하였다. 즉, 의지(독립-비판성향)가 높은 추종자들은 리더의 지시나 명령에 대하여 순종하기 보다는 리더의 행위와는 별도로 스스로 행동하기 때문에 이러한 성향이 낮은 추종자들보다 리더십 효과가 더 낮을 것으로 기대할 수 있다. Ehrhart & Klein(2001)는 리더 유형에 대한 추종자의 반응이 추종자의 특징(예: 성취지향성, 자긍심, 책임감, 솔선수범, 도전성 등)에 의해 조절되는 것을 확인하였다.

또한 변혁적 및 거래적 리더십과 조절변수와의 관계에 관한 연구로는 리더십행위와 조직몰입과의 관계에 있어서 추종자의 성취욕구, 권력욕구, 친교욕구의 조절작용에 관한 연구(유영민, 2000)가 있다. 이 연구는 추종자의 높은 성취욕구는 리더의 변혁적 리더십행위와 긍정적인 상관관계가 있고 거래적 리더십행위와는 부정적인 상관관계가 있음을 증명하였다.

이외에도 변혁적 리더십과 조직시민행동 간의 관계에 있어서의 개인특성인 외향성, 집단주의 성향의 조절효과(정현우, 2001), 외향성과 조직시민행동의 긍정적인 상관관계(주용준, 2000), 변혁적 리더십과 조직시민행동/직무만족간의 관계에 추종자 특성(능력과 의지)의 조절효과(김용동, 2002) 등을 연구한 사례가 있다. 김용동(2002)은 능력과 의지의 높고 낮음에 따라 추종자를 4가지 유형으로 분류하여 조절효과를 살펴본 결과 능력은 낮으나 의지가 높은 내재적 통제위치자가 능력은 높으나 의지가 낮은 외재적 통제위치자보다 긍정적인 변혁적 리더십 유효성을 보이는 것을 발견하였다.

이러한 연구결과들은 리더십행위와 그 효과에 있어서 추종자의 특징이 조절작용을 할 것이라는 본 연구의 이론적인 배경이 되며 특히 성도들의 독립–비판성향이 리더십 효과에 어떠한 조절작용을 하는지에 대한 근거를 제공해 주고 있다.

국내 팔로워십 연구 중 박봉수(1994)의 연구에서 추종자가 리더집단에 대하여 가지고 있는 일반적인 인상(general impression)

이 긍정적이냐 부정적이냐에 따라서 팔로워십이 결정되고 이에 의해 변혁적 및 거래적 리더십의 효과가 조절된다는 것을 검증하였다. 개인특성의 직접적인 조절효과에 대한 연구는 아니지만 김용세(1995)는 Kelley의 팔로워십 유형과 변혁적 리더십간의 관계에 대한 연구에서 카리스마, 지적자극, 개별배려 행위에 대하여 모범형과 순응형의 반응이 수동형과 소외형의 반응보다 높았음을 밝혀내었다. 군부대 장성의 변혁적 리더십과 추종자들의 유형 간을 연구한 오점록(1999)의 연구결과에서도 변혁적 리더십행위가 수동형과 소외형보다 모범형과 순응형의 추종자에게 큰 영향을 끼치는 것을 발견하였다. 그러나 이들 연구는 교회조직이 아닌 영리조직과 군부대였으며 Kelley가 분류한 기준에 의해 연구자가 임의로 분류한 팔로워십 유형들이 리더십의 결과변수 혹은 원인변수로 연구된 것이었다. 또한 Kelley의 이론에 근거하여 교회조직의 성도들의 유형을 분류한다 하더라도 강제적으로 구성된 군대나 일반 영리조직의 리더와 추종자를 대상으로 한 위의 연구결과들과는 상이한 결과를 나타낼 것으로 생각된다.

  본 연구가 팔로워십 유형이 아닌 팔로워십 유형분류의 기준인 독립-비판성향을 조절변수로 한 까닭은 기존의 국내 팔로워십 연구들을 보면 Kelley가 분류한 유형을 사용하였지만 유형분류에 대한 조사방법론이 명확하게 제시되지 않았다. 또한 Kelley가 실시한 유형분류 방법 자체에도 이론적인 근거가 미약하고 Kelley가 사용한 기준으로 실제 유형을 분류할 경우 임의적으로 유형을 분류하는데 따르는 데이터의 손실이 많으며 중복되는 유형들에 대한 명확한 구분과 타당성이 없음을 발견하였기 때문이다. 예를 들어 독립형이면서 실무형에 속하는 유형을 연구자의 임의대로 실무형으로 분류하거나 순응형에 속하면서 실무형에 속하는 유형을 실무형이라고 임의로 분류하여 조절효과를 연구하면 데이터가 오염될 위험이 있는 것이다.

본 연구는 위의 여러 연구결과에 근거하여 목회자의 리더십의 효과는 추종자의 반응과 직접적인 관계를 맺음으로써 결정될 뿐만 아니라, 추종자 특징인 독립-비판성향이 조절작용을 함으로써 리더십의 효과가 차이가 있을 것으로 기대한다.

본 연구에서 기대하는 독립-비판성향의 부정적인 조절효과는 리더 행동을 불필요하게 만들거나 효과적으로 발휘되는데 방해가 되는 중화요인(neutralizer)의 역할을 할 것이라는 Kerr & Jemier (1979)의 리더십 대체이론에 근거하였다. 리더십 대체이론의 대체요인(substitutes)과 중화요인(neutralizers)은 추종자의 특성(경험, 능력, 훈련, 직업의식, 조직에서 주는 보상에 대한 무관심)과 과업의 특성, 조직의 특성 등이 있는데 본 연구에서는 추종자의 독립-비판성향(혹은 낮은 순종성향)은 대체요인보다는 리더십 발휘 자체를 무력화시키는 중화요인(neutralizers)의 역할을 할 것으로 기대하였다. 왜냐하면 독립-비판성향이 대체요인으로 작용한다면 리더십과 추종자의 독립-비판성향은 서로 상보적 관계이어서 설사 하나가 빠진다 하더라도 조직의 전체적인 성과를 유지해 나가는데 전혀 문제가 되지 않기 때문에 본 연구모델에서 성도들의 반응(조직시민행동과 정통성)에 대체요인으로서의 조절작용은 미미할 것으로 기대하였다. 또 다른 이유는 태어나면서부터 죄인인 성도들은 실제 신앙생활에서 하나님의 말씀에 절대적으로 순종해야하는 기독교 교리와 교회조직의 강한 문화적 특성 때문에 성도의 높은 독립-비판성향보다는 의존하고 순종하는 성향이 목회자의 리더십 효과에 더욱 긍정적으로 영향을 미칠 것으로 기대하였다. 따라서 목회자의 리더십행위(카리스마, 개별배려, 지적자극, 자기희생, 상황보상)에 대한 성도들의 반응과 추종자 특징인 독립-비판성향의 조절효과에 대한 각각의 가설은 다음과 같다.

1) 카리스마와 성도의 반응과의 관계에 대한 독립 -비판성향의 조절효과

카리스마는 그 기원이 그리스어 Kharisma(희생, 헌신, 신성한 은혜)에서 비롯된 것(임창희, 1995)으로서 개인이 소지하고 있는 영적인, 심적인, 초자연적인 특질이 있을 때 집단 구성원들이 이를 신봉함으로써 생기는 리더십행위를 말한다.

카리스마 행위와 유효성간의 높은 상관관계를 연구한 많은 연구(예, 김용동, 2002)는 카리스마가 바람직한 가치관, 존경심, 자신감 등을 조직구성원에게 심어주고 비전을 제시하며 조직구성원의 의욕과 욕구를 자극하여 조직구성원이 자발적으로 업무를 책임 있게 감당하려는 의지를 고양시키는 것을 발견하였다.

대부분의 추종자들은 강한 신념과 자신감, 권력욕구, 상황에 대한 뛰어난 인지능력과 판단력, 기타 비범한 능력, 매력적 비전제시, 감동과 호소력 있는 행동, 추종자에 대한 신뢰행동, 윤리적/도덕적/모범적 행동을 보이는 카리스마적 리더에게 신뢰와 존경을 하며 그러한 리더를 성공과 성취의 상징으로 간주한다. 추종자들은 이러한 리더에 자발적으로 순종하고, 리더와 관련됨을 자랑스럽게 생각하면서 리더를 모방하고 리더와 동일화되며 결과적으로 조직에 대한 몰입을 높이기도 한다(Conger & Hunt, 1999: 157-158; Yukl & Van Fleet, 1992).

Kelley(1994)의 팔로워십 이론에서는 독립-비판성향이 높은 추종자들은 자신이 맡은 일뿐만 아니라 모든 면에서 적극적 자세를 가지고 참여하며 독립적으로 사고하고, 일에 집중하고 헌신하며, 일을 추진할 때 결정적 방법을 찾아내어 공략하며 역할수행에는 적극적이지 않지만 독립적이고 비판적인 태도를 취하는 경우도 있다.

반면 독립-비판성향이 낮은 유형은 독립적인 사고가 부족하며 리더의 판단에 지나치게 의존하고 리더의 권위에 순종하거나 리더의 견해나 판단에 지나치게 열중하는 경향이 있다. 또한 생각도 하지 않고 열심히 참여도 하지 않는 경향이 있고 책임감이 결여되어 있고 솔선하지 않으며 지시 없이는 움직이려 하지 않는다.

독립-비판성향이 높은 구성원은 리더의 힘을 약화시키는 것이 아니라 오히려 강화시킬 수 있다(오점록, 1998)는 연구가 있지만 이것은 팔로워십 유형 중 모범형이 리더십 유형에 미치는 결과이며 절대적인 지시와 명령체제라는 군대환경에서의 리더십 결과변수이기 때문에 구성원들이 자발적으로 참여하는 종교조직에서의 성도들로부터의 반응과는 분명 차이가 있을 것으로 생각된다.

교회조직의 성도들은 전반적으로 그들이 출석하는 교회의 목회자가 하나님으로부터 선택되어 기름부음을 받았다고 여기며 정통성을 인정하고 그를 자신들의 목회자로 인정하며 그 교회에서 신앙생활을 하는 경우가 대부분일 것으로 생각된다. 따라서 높은 독립-비판성향을 가진 성도들에게 목회자의 카리스마적 행위는 추종자 반응에 그리 큰 영향을 줄 것으로 생각되지 않는다. 왜냐하면 카리스마란 '매우 초이성적, 초합리적, 초과학적이며 명확하게 설명할 수 없는 그 어떤 것'으로써 종교조직의 리더가 이러한 행위를 발휘할 경우 높은 독립-비판성향은 중화요인(neutralizer)으로 작용하여 리더십 효과를 희석시키고 독립-비판성향이 낮은 의존-순종형 성도들에게는 리더의 카리스마 행위가 촉진요인(enhancers)으로 작용하여 리더십 효과가 크게 나타날 것으로 기대하기 때문이다. 따라서 카리스마행위에 대한 연구가설은 다음과 같다.

H2a: 성도의 독립-비판성향이 낮을수록 목회자의 카리스마 행위가 성도의 조직시민행동에 미치는 영향력은 강해질 것이다.

H2b: 성도의 독립-비판성향이 낮을수록 목회자의 카리스마 행위가 성도의 정통성 지각에 미치는 영향력은 강해질 것이다.

2) 개별배려와 성도의 반응과의 관계에 대한 독립-비판성향의 조절효과

개별배려는 리더가 추종자가 개인적 성장을 이룩할 수 있도록 그들의 욕구를 파악하여 적합한 임무를 부여하는 것을 의미한다. 리더는 이 배려를 통하여 구성원(추종자)들이 능력을 계발하도록 개별적으로 지도하고 구성원의 능력이 향상되도록 하며 개별적으로 심리적인 동감과 지원을 하여 추종자의 자존감과 자기권능감을 고양시켜 의욕이 넘치도록 이끈다(Bass, 1985).

개별적 배려와 유효성과의 긍정적인 상관관계를 밝힌 연구(Yammarino & Bass, 1990)가 있고, 김용세(1995)의 연구에서는 팔로워십 유형 중 독립-비판성향이 높은 모범형이 개별적 배려 행위를 더 높게 평가하는 것으로 나타났다. 그러나 강록춘(2001)의 연구에서는 이와는 다르게 순응형과 모범형이 개별배려에 대

하여 다른 유형보다 영향을 적게 받는다는 상반되는 결과가 나타나기도 하였다.

독립－비판성형이 높은 유형은 누구에 의해서가 아니라 자기 스스로 이미 모범적인 행동을 하기 때문에 리더의 행동과는 상관없이 자신의 판단에 따라 행동하는 경우가 많다. 이들 중에는 비판의식과 피해의식을 가지고 있는 경우도 있지만 개선의 의지나 사태를 호전시키려는 노력조차 하지 않는 경우도 있기 때문에 리더의 행위에 대하여 냉소적으로 반응하기 쉬울 것이다.

독립－비판성향이 낮은 유형은 리더의 견해나 판단에 의존하고 리더에게 복종하고 따르는 것을 의무라고 생각하여 순응하는 것 자체만으로도 만족하거나 추종자 역할 자체를 싫어하여 리더로 인해 자신이 추종자라는 것을 깨닫는 즉시 손을 놓고 가능한 한 아무것도 하지 않으려 하는 특징도 발견할 수 있다. 이들은 이미 스스로 알아서 자기계발을 하고 조직발전에 공헌하거나 독립적으로 행동하는 유형보다 성도들 개개인을 개별적으로 배려하고 보살펴주는 목회자의 행위에 대하여 더욱 순종하며 리더의 행위에 대하여 영향을 더 받을 가능성이 높을 것으로 기대하였다. 따라서 개별배려행위에 대한 연구가설은 다음과 같다.

H3a: 성도의 독립－비판성향이 낮을수록 목회자의 개별배려 행위가 성도의 조직시민행동에 미치는 영향력은 강해질 것이다.
H3b: 성도의 독립－비판성향이 낮을수록 목회자의 개별배려 행위가 성도의 정통성 지각에 미치는 영향력은 강해질 것이다.

3) 지적자극과 성도들의 반응과의 관계에 대한 독립 – 비판성향
   의 조절효과

지적자극은 추종자가 상황을 분석하는 데 있어 기존의 틀을 뛰어
넘어 보다 창의적인 관점을 개발하도록 격려하고 추종자의 신념, 가
치관을 스스로 인지하도록 자극하는 리더십행위이다(Bass, 1985). 이
지적자극을 통하여 추종자들은 자신들의 내/외재적 성격(통제위치)의
장·단점을 인식하고 조직 내에서 문제가 발생할 경우 조직환경에
귀인하기 보다는 스스로 해결책을 찾아 변화를 추구한다.

Kelley(1994)에 의하면 혁신적이고 독창적이며 독립적으로 생
각하고 건설적인 비판을 할 줄 아는 독립 – 비판성향의 추종자는
주인의식이 있고 주위 사람들에게 많은 교훈을 주며 조직에서 자
신의 가치를 높일 뿐 아니라 조직의 성과도 높이는 존재이다. 또
한 솔선수범하는 자세로 조직의 목표에 대한 뚜렷한 의식이 있고
조직 내 중요한 과업을 완수하는데 결정적인 역할을 하기도 한다.
이미 사고(thinking)가 성숙한 구성원인 이들은 리더의 지적자극
행위가 중화요인으로 작용하여 고차원적인 리더십행위이라 하더
라도 덜 적극적으로 반응할 것으로 생각된다.

반면 독립 – 비판성향이 낮은 유형은 양과 같은 군거본능을 가지
고 있는 경우가 많다. 종교조직의 리더는 모든 목표를 설정하고 제
시하며 최고 의사결정권자의 역할을 하는 경우가 많고 리더가 성도
개개인에게 변혁을 일으키는 지적자극 행위를 발휘할 때 이러한 유
형들은 주위의 반응에 더욱 동요되고 영향을 크게 받을 것으로 기대
된다. 또한 이들은 리더의 마음에 들려고 하는 열의가 많고 순종하
는 경향이 많은 유형이기 때문에 이들에게는 리더의 지적자극행위
라는 변혁적 리더십행위가 심리적 계약관계(Rousseau, 1999)를 회

복하는 계기가 될 것으로 생각된다.

심리적 계약이란 개인과 그들 조직 혹은 리더간의 암묵적으로 약속된 교환에 근거하여 형성된 개인의 신념을 말한다. 즉 이들은 리더의 어떤 리더십행위나 계기를 통하여 리더와 추종자 사이의 상호간의 의무에 관한 일련의 믿음의 집합인 심리적 계약관계를 회복하게 되는데 특히 이들은 추종자 개개인을 변혁시키는 지적 자극으로 인한 반응에 있어서 독립-비판적 사고가 높은 유형보다 영향을 크게 받을 것으로 생각된다. 그러므로 본 연구에서는 리더의 지적자극행위는 사고성향이 높은 유형보다 독립-비판적 사고성향이 낮은 유형에게 변혁적 리더십의 효과가 증폭될 것으로 가정하였다. 따라서 지적자극에 대한 연구가설은 다음과 같다.

H4a: 성도의 독립-비판성향이 낮을수록 목회자의 지적자극 행위가 성도의 조직시민행동에 미치는 영향력은 강해질 것이다.
H4b: 성도의 독립-비판성향이 낮을수록 목회자의 지적자극 행위가 성도의 정통성 지각에 미치는 영향력은 강해질 것이다.

 4) 자기희생행위와 성도들의 반응과의 관계에 대한 독립-비판성향의 조절효과

Choi(1995)의 자기희생적 리더십 연구에서는 리더의 자기희생은 그 추종자들로 하여금 리더가 카리스마적이며 정통성이 있다고 인식하게 하며, 그러한 리더의 행동을 본받아 자신들도 그에 상응하는 희생을 하겠다는 의지를 가지게 하는 효과가 있음을 확인하였다. 이러한 연구결과는 Bass(1985)의 변혁적 리더십효과로서 추종자들에게 조직을 위한 희생의지를 유발시키는 변혁적

리더십의 결과요인과도 일치한다. 변혁적 리더십 이론에서는 리더의 변혁적 리더십행위로 인하여 추종자들에게 자기희생의지를 고취시키므로 추종자의 자기희생행위가 변혁적 리더십행위의 결과변수이지만 자기희생적 리더십 이론에서는 자기희생행위의 주체가 추종자가 아닌 리더이기 때문에 리더십행위의 하부요인이라고도 할 수 있다.

본 연구에서는 조직과 과업의 특성상 희생이 강조되는 교회 목회자들의 자기희생행위를 Bass(1985)의 변혁적 리더십행위에 포함하여 독창적이고 새롭고 독립적인 변혁적 리더십행위로 간주한다. 왜냐하면 목회자의 자기희생은 성도들로 하여금 리더가 기대하는 행위기준을 제시하는 동시에 현재의 위기상황을 극복할 수 있다는 리더의 믿음을 보여주는 상징적 행위의 역할을 하게 되어 추종자들로 하여금 이제까지 가지고 있던 기회주의와 불안을 극복할 뿐만 아니라 더 나아가 교회조직을 위해 적극적으로 행동하도록 하는 역할(최연, 2001)을 수행하도록 하는 리더십행위가 될 수 있기 때문이다.

Bass(1985)는 원래 변혁적 리더십 모델에 하부요인으로 카리스마, 개별배려, 지적자극을 포함하였는데 이때의 카리스마는 추종자들이 리더를 신뢰하고 존경하지만 리더를 초인적인 영웅(super hero) 혹은 영적인 존재(spritual figure)로서 우상화 또는 숭배하는 상태를 의미한다(Yukl, 1989). 이후 Conger & Kanungo(1987)는 카리스마 이론에서 카리스마적 리더들은 비전추구를 위해 자기희생적 행위를 하고 지위, 돈, 조직 내에서의 자격 등에 대한 개인적 손실을 감수한다고 주장하였다. 이후 Bass(1990b)는 1985년의 변혁적 리더십 모델에 포함되어 있는 카리스마 변수에 자기희생행위를 추가하였으나 카리스마를 측정하는 MLQ 척도가 행위 자체보다는 카리스마의 효과를 측정하는 것처럼 보여진다 (Yukl, 1989).

본 연구에서 리더의 자기희생 행위를 Bass(1985)의 변혁적 리더십의 하부요인인 카리스마에 포함하지 않고 독립적인 리더십행위로 측정한 이유는 일생동안 예수 그리스도를 본받고자 노력하는 목회자들에게는 자기희생행위 자체는 매우 의미있고 중요한 행위이기 때문에 목회자의 구체적이고 실제적인 자기희생행위를 측정하기 위해서이다.

본 연구에서는 독립-비판성향이 높은 유형에게는 희생이라는 평범 이상의 리더십행위는 독립-비판성향이 낮은 의존-순종형과 비교하면 그 효과가 덜 할 것으로 기대하였다. 왜냐하면 독립-비판성향이 Kerr & Jemier(1978)의 중화작용을 할 경우 리더가 자기희생적인 행위를 할 경우 높은 독립-비판성향은 리더의 희생행위효과를 약화시키거나 소멸시키는 요인으로 작용할 것으로 판단하였기 때문이다.

리더의 지시에 순종하고 따르며 리더에게 의존하는 낮은 독립-비판성향의 성도들은 리더를 비판적으로 보지 않고 리더의 모든 행위에 대하여 무조건적으로 순응하며 전반적으로 별 저항없이 따르는 경우가 많기 때문에 리더의 자기희생이라는 '의외의 행동(unconventional behavior; Conger & Kanungo, 1987)'에도 독립-비판성향이 높은 유형보다 리더십 효과가 더욱 클 것으로 기대하였다. 따라서 목회자의 자기희생행위에 대한 연구가설은 다음과 같다.

H5a: 성도의 독립-비판성향이 낮을수록 목회자의 자기희생 행위가 성도의 조직시민행동에 미치는 영향력은 강해질 것이다.

H5b: 성도의 독립-비판성향이 낮을수록 목회자의 자기희생 행위가 성도의 정통성 지각에 미치는 영향력은 강해질 것이다.

5) 상황보상과 성도들의 반응과의 관계에 대한 독립-비판성향의 조절효과

리더가 성과의 적절성에 따라 추종자를 보상하거나 벌하고자할 때 발생하는 거래적 리더십(Bass, 1985)은 계약을 통해 추종자들로부터 순응을 획득하는 과정으로, 그 계약관계는 명시적이거나 암묵적인 것일 수도 있다(예, 유승동, 1998). 상황보상 행위를 하는 리더는 추종자들에게 무엇이 (어떤 목표의 달성이) 기대되고 있으며 그 목표달성으로써 어떤 보상을 받을 수 있는지를 명확히 한다. 즉, 상황보상이란 추종자들에게 달성해야 할 과업을 명확히 할당하고, 만족스러운 과업수행에 대하여 그것과 교환으로 보상을 약속하거나 실제로 보상을 하는 것을 말한다(Bass, 1985).

이러한 건설적 교환행동은 변혁적 리더행동만큼은 아니지만 보다 높은 수준의 성과를 달성하도록 추종자들을 모티베이트하는 데 효과적이라는 연구결과가 몇몇 연구에서 발견되기도 하였다(Avolio & Bass, 1991). Keeler & Sziliagyi (1976)는 추종자들이 수락할 수 있는 성과에 대한 임금인상 추천과 인정, 그리고 칭찬과 같은 상황보상이 주어질 때 추종자의 기대를 높일 뿐만 아니라 성과도 높아진다는 것을 발견하였다. 또한 거래적 리더십행위인 상황보상 행위가 거래적 리더십 요인이 아닌 변혁적 리더십 요인으로 적재되어 나타나는 연구들도 있으며 어떤 연구들(Lowe, Kroeck, &

Sivasubramanian, 1996)에서는 MLQ가 변혁적 리더십행위뿐만 아니라 상황보상 행위도 부하만족, 동기부여, 성과에 있어서 매우 약하고 비연속적으로 긍정적인 영향을 주는 것으로 나타나기도 하였다.

Bray(1991)의 연구뿐만 아니라 한국의 기독교 교회조직의 성도들을 대상으로 한 연구(이영희, 2000)와 카톨릭 교회조직의 성도들을 대상으로 한 연구(고찬근, 1997)에서는 거래적 리더십 요인인 상황보상이 변혁적 리더십 요인인 개인적 배려보다 추가적 노력, 리더 만족, 리더 효과에 보다 높은 상관관계를 가지고 있음이 밝혀졌다. 이 결과는 우리나라 목회자들이 배려해야 할 성도수가 너무 많다는 현실을 보여주는 결과이기도 하지만, 목회자들이 거래적 리더십 요인인 상황보상을 자주 발휘하고 있고 성도들은 상황보상이 있을 때 추가적 노력을 더 많이 하거나 더욱 효과적으로 일한다는 것을 의미한다고 볼 수 있다. 또한 이것은 동일한 리더가 변혁적 및 거래적 리더십행위를 동시에 발휘한다는 Bass(1990a)의 이론과 어떤 경우에는 거래적 행위 없이는 변혁적 리더십의 효과가 극대화될 수 없다는 Nadler & Tushman(1990)의 이론에 근거하여 해석할 수도 있다.

그렇다면 성도의 독립-비판적 사고성향은 상황보상행위와 리더십 효과 간에 어떤 작용을 하는 것일까? 독립-비판성향이 낮은 유형은 리더가 상황을 통제 또는 위협수단을 사용하거나 모든 목표설정과 의사결정을 내리고 감시와 재촉을 끊임없이 하면 나타나기 쉬운 유형으로써 조직에 속해있는 것과 자기 위에 누군가 리더로 존재한다는 것 자체에서 위안을 받는다. 이들 유형은 Hersey & Blanchard(1971)의 성숙도 이론에서 주장하는 심리적 성숙도가 낮은 부류에 속한다고 볼 수 있는데 추종자의 성숙도가 낮을수록 즉각적인 보상행위라는 단순거래적 리더십에 더 큰 영향을 받을 것으로 판단된다. 따라서 이러한 거래적 리더십행위로 인하여 리더와의 심리적 계약관계를 회복하는 것도 독립－비판성향이 낮은 성도가 더욱 쉬울 것으로 기대된다.

이와는 반대로 독립－비판성향이 높은 유형은 그들이 가진 불만을 침묵으로 일관하며 정신적인 고통과 분노를 느끼고 때로는 일이 잘못되었을 경우 리더와도 용감히 맞설 줄 아는 면모를 지니고 있으며 스스로 알아서 행동하는 유형이다. Deci(1975)는 내적동기 이론에서 개인의 행동에 대하여 외적인 보상이 주어지게 되면 내적 동기(intrinsic motivation)가 저하된다고 주장하고 있다. 따라서 리더가 리더－추종자 교환관계에 근거한 전통적인 거래적 리더십행위인 상황보상 행위를 할 경우에 독립－비판성향이 높은 유형은 낮은 의존－순종형보다 내적 동기가 저하되어 추종자 반응이 낮아질 것으로 기대하였다. 따라서 상황보상 행위에 대한 본 연구의 가설은 다음과 같다.

H6a: 성도의 독립－비판성향이 낮을수록 목회자의 상황보상 행위가 성도의 조직시민행동에 미치는 영향력은 강해질 것이다.
H6b: 성도의 독립－비판성향이 낮을수록 목회자의 상황보상 행위가 성도의 정통성 지각에 미치는 영향력은 강해질 것이다.

제3절 연구변수의 조작적 정의와 측정도구

1. 연구변수의 조작적 정의

여기에서는 목회자의 리더십행위(카리스마, 개별배려, 지적자극, 자기희생, 상황보상)가 성도들의 조직시민행동과 목회자에 대한 정통성을 지각하는 데 있어서 각각 유의적으로 긍정적인영향을 미칠 것이라는 가설1(H1)과 이들 관계에 대한 성도의 독립－비판성향이 조절작용을 할 것이라는 가설2부터 가설6까지(H2~H6)를 검정하기 위하여 먼저 연구변수들에 대한 조작정의와 측정도구를 밝히고자 한다.

1) 카리스마(charisma)

변혁적 리더십의 가장 두드러진 특성이라고 할 수 있는 카리스마는 여러 리더십 연구들에서 독립변수로 연구되기도 하며(Awamleh & Gardner, 1999; Hunt, Boal, & Dodge, 1999, Shea & Howelll, 1999) 리더십 효과중 하나인 종속변수로 연구되어 왔다(Choi & Mai-Dalton, 1998). 본 연구에서는 카리스마를 리더에 대해 추종자들이 귀인(attribute)하는 존경, 자부심, 영감 등의 연구개념으로 정의하고(Bass, 1985) 측정항목을 비범한 능력, 뛰어난 영감, 비전제시, 감동과 호소력 있는 행동을 겸비한 리더의 특성을 뜻하는 것으로 구성하였다. 카리스마 변수는 5점 리커트 척도의 5개 항목으로 측정하였다. 본 연구에서는 Bass(1985)의 MLQ-5X와 이를 교회조직에 알맞은 용어로 변역하여 사용한 이영희(2000)의 논문을 참고하여 본 연구에 맞게 수정하여 사용하였다.

2) 개별배려(individualized consideration)

개별배려란 추종자를 조직의 목표나 리더의 목표달성 수단이 아니라 진정으로 개인으로서 염려해주는 것을 말한다(Bass, 1985). 본 연구에서는 개별배려를 리더가 추종자들을 개인적으로 관심을 가지고 대해주고 소외된 구성원들에게도 관심을 가지며, 추종자들을 독립적인 존재로 대우하고 추종자들의 욕구가 무엇인가를 파악하여 그들의 성장을 위해 적절한 임무를 부여하고 격려해 주는 행위로 정의한다. 개별배려 변수는 5점 리커트 척도의 7개 항목으로 측정하였다. 본 연구에서는 Bass(1985)의 MLQ-5X와 이를 교회조직에 알맞은 용어로 번역하여 사용한 이영희(2000)의 논문을 참고하여 본 연구에 맞게 수정하여 사용하였다.

3) 지적자극(intellectual stimulation)

지적자극은 추종자가 일을 처리하는데 기존의 방식이 아닌 새로운 방식으로 생각하도록 자극시키고 오래된 가치와 신념을 재평가하도록 고무시키는 것을 말한다(Bass, 1985). 본 연구에서는 지적자극을 리더로부터 추종자들이 흥미롭고 도전적인 과업을 제공받고 문제해결 시 그들의 방법으로 하도록 리더가 격려하는 것으로 정의한다. 본 연구에서 지적자극 변수를 측정하기 위하여 5점 리커트 척도의 6개 항목으로 측정하였다. 이를 위하여 Bass(1985)의 MLQ-5X와 이를 교회조직에 알맞은 용어로 번역하여 사용한 이영희(2000)의 논문을 참고하여 본 연구에 맞게 수정하여 사용하였다.

4) 자기희생 행위(self-sacrificial behavior)

본 연구의 자기희생적 행위(Choi & Mai-Dalton, 1998)는 다음의 세 가지로 구성된다. 다른 업무에 비해 더 위험하거나 힘들거나 또는 기피되는 업무, 역할, 순번 등을 자청할 때 발생하는 업무분장 상의 자기희생(self-sacrifice of division of labor), 자기에게 정당하게 분배되어야 할 금전적 및 비금전적 보상, 예컨대 급여, 상여, 승진, 포상, 휴가, 공로에 대한 인정 등을 포기하거나 미룰 때 발생하는 보상분배 상의 자기희생(self-sacrifice of distribution of rewards), 그리고 자기가 임의로 사용할 수 있는 자원과 권한 등의 사용을 자제하거나 포기할 때 발생하는 권한행사에 있어서의 자기희생(self-sacrifice of exercise of power) 등이 이에 해당한다.

자기희생적 리더십모델(Choi, 1995)에서 제시된 종속변수인 카리스마 지각, 정통성 지각, 호혜적 행동의지 이외에도 다른 연구에서 연구한 리더의 자기희생적 이타주의 행동에 대한 종속변수로는 리더와 추종자의 모티베이션과 성과가 있다(Avolio & Edwin, 2002). 또한 자신을 희생하면서까지 타인을 헌신적으로 배려하고 타인이나 대중의 이익과 보다 높은 가치실현을 위해 탁월한 리더십을 발휘하는 자기희생적 행위를 변혁적 리더십이론의 하부요인으로 보는 학자들(Conger & Kanungo, 1987)이 있다.

그러나 본 연구에서는 자기희생적 리더십행위를 목회자의 리더십행위(카리스마, 개별배려, 지적자극, 상황보상)에 추가하여 독립적인 리더의 행위로서 추종자들을 위하여 리더자신이 당연히 행사할 수 있는 보상, 권한, 업무 등을 자발적으로 포기하는 행위로 설정하였다. 본 연구에서는 자기희생 변수를 측정하기 위해 한국교회의 성도들에게 개방형 설문지와 개별면접으로 조사한 후 Choi & Mai-Dalton(1998)의 측정도구와 비교하여 본 연구에 맞게 수정하여 5점 리커트 척도 6개 항목으로 측정하였다.

5) 상황보상(contingent reward)

Burns(1978)와 Bass(1985)에 의하면 거래적 리더십은 상황보상과 예외 관리라는 두 가지 영역으로 구성되어 있다. 상황보상은 추종자가 명확한 업무성과를 달성한 것에 근거하여 리더가 추종자에게 보상을 하는 것을 말한다(Bass & Avolio, 1995). 본 연구에서는 상황보상은 리더가 결과에 대한 보상을 강조하거나 지시한 일을 끝낸 추종자에게 결과에 대한 감사표시를 하는 행위를 뜻한다. 상황보상 변수는 5점 리커트 척도의 6개 항목으로 측정하였다. 본 연구에서는 Bass(1985)의 MLQ-5X에서 사용한 거래적 리더십 측정하는 항목을 교회조직에 알맞은 용어로 변역하여 사용한 이영희(2000)의 논문을 참고하여 본 연구에 맞게 수정하여 사용하였다.

6) 조직시민행동(organizational citizenship behaviors)

조직시민행동을 구성하는 요소로 Smith, Organ, & Near(1983)는 이타, 일반화된 순응으로, Organ(1988)은 이타, 성실, 예의, 시민정신, 스포츠맨십으로, Van Dyne, Graham & Dienesch(1994)는 충성, 복종, 참여로 규정하고 있다. 본 연구에서는 추종자의 가외적 노력행위의 한 형태인 조직시민행동을 주위의 동료들이 어떤 역할을 수행하도록 자발적으로 도와주고(이타), 조직을 위해서 기대 이상의 일을 수행하며(시민정신), 조직의 좋은 면을 강조하는(스포츠맨십)

으로 정한다. 본 연구에서는 조직시민행동 변수를 측정하기 위해서 Organ(1988)의 5개 측정도구를 참고하여 교회조직의 용어에 맞게 수정한 후 사용하였고 5점 리커트 척도의 5개 항목으로 측정하였다.

7) 추종자들의 리더에 대한 정통성 지각
(attribution of legitimacy)

본 연구에서는 리더에 대한 정통성 지각이란 추종자들이 리더를 자신의 리더로 자발적으로 인정하고 받아들이며 리더에게 리더의 자격이 있다고 생각하는 정도를 말한다. 본 연구에서는 자기희생 변수를 측정하기 위하여 Choi(1995)의 6개의 측정도구를 참고하여 이를 교회 조직에 알맞은 용어로 수정한 후 사용하였으며 5점 리커트 척도의 6개 항목으로 측정하였다.

8) 독립 - 비판성향(independent-critical thinking)

Kelley(1994)의 팔로워십 이론은 적극적 참여성향과 독립 - 비판성향에 의해 분류된 추종자 유형들에 대한 연구로서 실무적으로는 각광을 받았지만 현재까지의 추종자 유형에 대한 학문적인 연구가 드물고 이론적인 근거도 미약한 것이 사실이다. Kelley의 팔로워십 이론에서는 5개 유형으로 추종자를 분류하였지만 그 분류 방법이 명확히 설명되지 않았을 뿐더러 0-6점 리커트 척도의 두 영역별 총점으로 분류한 5가지 유형들의 이론적인 배경은 매우 불안정하고 불충분하다. 그러나 일반 영리기업뿐만 아니라 종교조직에서 성도들의 독립 - 비판성향의 높고 낮음이 리더의 리더십 효과에 있어서 유의적인 조절역할을 할 것이라는 본 연구자의 추론은 기존의 개인특징의 조절역할에 대한 연구들(Snyder, 1974;

Ehrhart & Klein, 2001)에 의해 학문적인 타당성이 있을 것으로 생각되어 독립－비판성향을 본 연구의 조절변수로 채택하였다.

기존에 연구된 여러 가지 추종자의 특징이 있지만 본 연구에서 독립－비판성향을 택한 것은 우리나라 교회와 교회의 리더인 목회자에게 있어서 성도들의 순종성향이 목회자의 리더십 효과와 더 나아가서 교회조직의 성장에 매우 중요한 역할을 할 것이라고 판단하였기 때문이다. 본 연구에서의 성도의 순종성향이라 함은 성도를 목회자의 하위개념으로써 무조건적이고 단순한 순종과 불순종을 하는 존재가 아니라 생각(thinking)의 독립－비판성향이 낮은 정도를 말한다. 예를 들어 독립－비판성향은 목회자의 명령이나 제안에 대하여 자신의 주장을 앞세우는 성향을 말하고 의존－순종형은 목회자가 어떠한 지시나 요구를 할 때 자신의 의지를 표현하지 않고 따르는 성향을 뜻한다.

따라서 본 연구에서는 추종자의 독립－비판성향 변수를 조사하기 위하여 Kelly(1994)의 독립－비판성향의 측정문항 5점 리커트 척도의 10개 항목과 오점록(1998)의 논문을 참고하여 이를 교회 조직에 알맞은 용어로 변역하고 수정하여 측정하였다.

2. 측정도구

본 연구의 설문지는 다음의 측정도구들로 구성되었다(<표 7>참조).

<표 7> 설문지의 구성

	연구변수	구성요인	문항번호	문항수	출처
독립변수	변혁적 리더십	카리스마	I -1~5	5	Bass(1985)
		개별배려	I -6~12	7	
		지적자극	I -13~18	6	
		자기희생	I -19~24	6	Choi & Mai-Dalton(1998)
	거래적 리더십	상황보상	I -25~30	6	Bass(1985)
종속변수	성도의 반응	조직시민행동	I-31~35	5	Orgain(1988)
		정통성 지각	I-36~39	4	Choi(1995)
조절변수	추종자 특징	독립-비판성향	II-1~10	10	Kelley(1994)
인구통계 변수			III-1~9	9	본 연구자가 구성함.

제5장 분석과 가설검정결과

본 장에서는 연구모형을 통해 도출된 연구가설을 실증분석하고 그 결과를 설명한다. 첫 번째로는 분석자료에 대한 빈도분석, 기술통계량, 요인분석과 신뢰성 분석결과, 조절회귀분석결과, 그리고 연구개념들 간의 상관관계를 제시하며, 두 번째로 분석결과를 통해 연구가설을 검정하고 해석한다.

제1절 기초분석

1. 표본의 특성

가설을 검정하기 위해 측정도구를 만들어 서울 및 경기도, 충청도 지역의 개신교 교회(교파 초월) 50여 개 곳에 690부의 설문지를 일반성도와 직분자들을 대상으로 하여 배포하였다. 최종 수거된 설문지의 수는 636부(회수율 93.2%)이었고, 응답자 중 신앙생활 1년 미만의 설문지와 결측값이 있는 설문지 98부와 설문을 불성실하게 응답하여 분석에 사용하기가 어렵다고 판단된 97부를 합하여 총 195부를 제외하고 최종 341부를 분석에 사용하였다. 불성실한 응답들이란 예를 들면 설문지에서 5점 리커트 척도에 표시한 점수가 일관되게 1점 혹은 5점으로 표시되어 있거나 모든 항목에 있어서 중간점수인 3점으로 표시한 응답들을 뜻한다.

먼저, 응답자 및 응답교회의 교파 현황을 알아보기 위해 빈도분석(frequency analysis)을 실시한 결과가 <표 8>에 나타나 있다. 분석결과, 남녀의 비율은 각각 41.1%, 58.9%였으며 연령은 40대가 29.0%로 가장 많고 그 다음이 30대로 27.9%를 나타내고 있다. 학력은 전문대/대졸자가 전체의 46.6%를 차지하여 가장 많았고 그 다음이 고졸로서 21.1%를 차지하였다. 신앙기간은 1년 미만의 응답을 제외한 부수에서 전체의 75.1%가 10년 이상을 차지하고 5년 이상 10년 미만 12.3%, 3년 미만은 6.7%를 나타내고 있다.

월 면담횟수는 1회 미만이 51.6%로 가장 많았으며 그 다음이 1-2회로 19.6%를 나타낸다. 가구당 월평균 소득은 100만 원 이상-200만 원 미만이 전체의 25.8%를 차지하며 그 다음으로는 200만 원 이상 300 만 원미만이 25.2%를 차지하고 있다. 장로교의 응답자는 65.7%, 감리교의 응답자는 14.1%, 성결교의 응답자는 10.3%, 순복음의 응답자는 6.2%, 침례교의 응답자는 1.5%, 기타 2.3% 순이었다.

성도수에 따른 분류는100명 이상 500명 미만 규모의 교회의 성도들이 전체 조사대상의 약 32.3%, 1000명 이상 3000명 미만 20.8%, 100명 미만 12.9%, 500명 이상 1000명 미만 12.3%를 차지하며 설문지에 응답을 한 것으로 나타났다. 응답자의 직분은 집사 및 장로 57.8%와 일반성도 42.2%가 응답한 것으로 나타났다.

<표 8> 응답자 및 인구통계적 분석(n=341)

	개인적 특성	인원(명)	백분율(%)
성 별	남	140	41.1
	여	201	58.9
연 령	20-29세	85	24.9
	30-39세	95	27.9
	40-49세	99	29.0
	50-59세	44	12.9
	60세 이상	18	5.3
학 력	중졸 이하 및 기타	24	7.0
	고졸	72	21.1
	전문대/대학 재학 중	41	12.0
	전문대/대졸	159	46.6
	대학원졸	45	13.2
신앙기간	1년 이상-3년 미만	20	5.9
	3년 이상-5년 미만	23	6.7
	5년 이상-10년 미만	42	12.3
	10년 이상	256	75.1
월 면담횟수	1회 미만	176	51.6
	1회-2회	67	19.6
	3회-4회	53	15.5
	4회 이상	45	13.2
월 소득	100만 원 미만	43	12.6
	100만 원-200만 원 미만	88	25.8
	200만 원-300만 원 미만	86	25.2
	300만 원-400만 원 미만	62	18.2
	400만 원 이상	62	18.2
교 파	장로교	224	65.7
	감리교	48	14.1
	순복음	21	6.2
	침례교	5	1.5
	성결교	35	10.3
	기타	8	2.3
성도수	100명 미만	44	12.9
	100명 이상-500명 미만	110	32.3
	500명 이상-1000명 미만	42	12.3
	1000명 이상-3000명 미만	71	20.8
	3000명 이상-5000명 미만	17	5.0
	5000명 이상-10000명 미만	14	4.1
	10000명 이상	43	12.6
직 분	일반성도	144	42.2
	집사	126	37.0
	권사	31	9.1
	안수집사	27	7.9
	장로	13	3.8

2. 측정도구의 타당성 및 신뢰성 검정

1) 측정도구의 타당성 검정

연구가설을 검정하기에 앞서 실증분석을 위해 작성된 측정도구가 타당성과 신뢰성을 확보하고 있는가를 살펴봄과 동시에 연구변수의 개념 및 판별타당성을 검정할 필요가 있다. 또한 가설을 검정하는 데 있어서 연구개념들의 상관관계가 높으면 선행변수의 결과변수에 대한 순수효과를 측정하는 것이 불가능하기 때문에 독립변환 (orthogonal centering)을 이용하여야 한다. 독립변환을 이용하기 위해서는 요인분석을 실시하여 각 연구개념들이 다른 차원에 존재한다는 것을 증명하여야만 한다. 뿐만 아니라 요인분석을 실시하는 가장 근본적인 목적은 각 연구개념들이 독립성을 확보하고 있는가를 검정하기 위함이다.

본 연구에서는 변혁적 및 거래적 리더십행위와 조직시민행동, 정통성에 대한 연구개념의 개별 특정 속성을 여러 항목으로 측정 (formative indicator)하였기 때문에 개념타당성을 검정하기 위하여 요인분석을 실시하였다. 먼저 독립변수, 종속변수, 조절변수에 대한 배리맥스 직각회전(Varimax Rotation)에 의한 요인분석을 실시하여 각 요인을 구분하는 기준은 최초 고유값이 1.0 이상인 요인들이면서 각 요인의 적재량(factor loading)은 0.5 이상인 항목들을 추출하였다.

전체 설명분산은 69.7%로 Hair et al.(1995)이 제시한 60%보다 비교적 높은 수준으로 볼 수 있고 리더십행위(독립변수), 성도들의 반응(종속변수), 추종자 특징(조절변수)은 각각 5개, 2개, 1개 요인으로 총 8개의 요인으로 구분된다는 것이 타당함을 증명할 수 있는 수준이다.

　요인분석에서는 최종 요인분석 후 각 요인을 구성하는 항목들의 요인적재량이 모두 0.5% 이상이었기 때문에 연구를 진행하는 데 어려움이 없었다. 이러한 분석결과가 시사하는 부분은 Bass(1985)와 Choi(1995)의 이론들로부터 각각의 리더십행위를 나누어서 측정하던 항목들을 모두 한꺼번에 고려하더라도 각 요인들의 독립성이 보장됨을 증명한 것이다. 또한 리더십행위의 측정항목들이 대체적으로 각 요인을 잘 설명하고 있어서 본 연구에서의 측정도구를 향후 연구에서 활용하여도 무리가 없을 것이라는 결론을 얻을 수 있다.

　첫 번째 요인분석에서는 개별배려 요인 중 IC1과 독립－비판성향 요인 중 ICT3이 공통성이 0.5이하로 나타났으며 상황보상 요인 중 CR5가 개별배려에, 지적자극 요인 중 IS1, IS6와 조직시민행동 요인 중 OCB3이 카리스마에, 상황보상 요인 중 CR1이 자기희생에 각각 적재되었다. 이러한 결과는 불안정한 MLQ의 요인구조 때문에 많은 연구결과에서 상황보상 행위가 거래적 리더십 요인이 아닌 변혁적 리더십 요인으로 적재되어 나타난다는 선행연구들의 결과(예, 백기복, 2000)와 일치하는 것이다. 이러한 결과는 향후 상황보상 행위에 대한 측정도구의 재고가 필요함을 의미한다.

　독립－비판성향 요인 중 ICT2, ICT4, ICT7, ICT8, ICT9와 조직시민행동 요인 중 OCB 1, OCB2, OCB4, OCB5가 한 요인으로 적재되었다. 또한 독립－비판성향 요인 중 ICT5, ICT6이 한 요인, 그리고 ICT1, ICT3이 한 요인으로 각각 적재되었다.

　개별배려 요인 중 IC1과 독립－비판성향 요인 중 ICT3를 제거한 두 번째 요인분석에는 독립－비판성향 요인 중 ICT4, ICT5가

공통성 0.5 이하로 나타났고 상황보상 요인 중 CR5가 개별배려에, 독립-비판성향 요인 중 ICT5가 조직시민행동에 적재되었다.

최종적으로 요인분석에서 제거된 항목은 총 12개였는데 개별배려 한개(IC1), 지적자극 두 개(IS1, IS6), 상황보상 두 개(CR1, CR5), 조직시민행동 한개(OCB3), 그리고 독립-비판성향 다섯개(ICT1, ICT3, ICT4, ICT5, ICT6)이다. 본 연구에서 개념화한 독립-비판성향(조절변수)의 경우에는 요인분석과정에서 항목의 손실이 많이 있어서 Kelley의 팔로워십 이론이 학문적인 면에서 다소 문제점이 있음을 내포하고 있음을 알 수 있다.

또한 독립-비판성향을 측정하는 항목이라고는 하지만 엄밀히 구분하여 보면 본 연구에 사용된 10개 항목들 중에 적극적 참여에 대한 의미가 내포된 항목들도 있음을 볼 수 있다. 그러므로 Kelley의 독립-비판성향 척도 10개 중 본 연구에서 최종요인분석 후 사용한 5개 항목의 요인들은 해당 요인에 높게 적재되었어도 향후 이론적으로 충분한 연구를 거쳐 반복연구(replication studies)를 수행할 여지가 있다고 본다. 제거된 항목 중에서 ITC5와 ITC6은 별도의 한 요인을 구성하였는데, 연구설계 과정에서 8개로 설계하였기 때문에 요인전체를 제거하였다.

<표 9>는 최종 요인분석의 결과이며 38개 항목 총 8개 요인으로 재구성하였다.

<표 9> 각 변수들의 개념타당성 검정결과

연구개념	측정항목	요인1	요인2	요인3	요인4	요인5	요인6	요인7	요인8
개별배려	IC5	.843	.070	.188	.085	.135	.153	.043	.095
	IC2	.816	.107	.095	.081	-.010	.055	.135	.171
	IC7	.813	.081	.179	.089	.193	.141	.149	.059
	IC6	.797	.105	.175	.148	.135	.112	.122	.087
	IC4	.743	.107	.073	.156	-.018	.185	-.046	.186
	IC3	.742	.170	.194	.163	.136	.068	.092	.120
카리스마	CH3	.198	.763	.182	.187	.210	.170	.194	.087
	CG4	.233	.710	.187	.244	.175	.190	.197	.018
	CH2	.155	.702	.145	.197	.296	.056	.272	.047
	CH1	-.004	.670	.232	.184	.193	.105	.186	.129
	CH5	.251	.619	.147	.205	.299	.278	.111	.111
자기희생	SS1	.291	.126	.724	.067	.302	.117	.068	-.035
	SS3	.121	.282	.694	.071	.082	-.026	.193	.174
	SS5	.079	.127	.692	.010	.016.	-.077	.328	.226
	SS6	.189	.134	.676	.225	.095	.163	.066	-.003
	SS4	.131	.208	.644	.059	.188	-.001	.306	.200
	SS2	.259	.015	.632	.076	.388	.152	-.002	-.082
독립－비판성향	ICT9	-.078	-.194	-.202	-.758	-.177	-.273	-.126	-.031
	ICT7	-.227	-.024	-.072	-.750	-.218	-.047	-.142	-.052
	ICT2	-.148	-.172	-.058	-.737	-.098	-.093	-.084	-.071
	ICT10	-.171	-.279	-.100	-.613	-.136	-.160	-.170	-.033
	ICT8	-.042	-.165	-.099	-.592	-.069	-.302	-.127	-.120
지적자극	IS3	.167	.206	.206	.187	.762	.134	.142	.069
	IS5	.095	.321	.213	.156	.711	.047	.215	.068
	IS4	.167	.372	.183	.186	.674	.107	.104	.129
	IS2	.106	.246	.219	.193	.647	.042	.235	.151
조직시민행동	OCB5	.169	.017	.029	.142	.042	.775	.213	.062
	OCB1	.089	.167	.116	.112	.011	.724	.068	.213
	OCB4	.185	.230	.112	.233	.113	.697	.086	.122
	OCB2	.200	.118	.079	.222	.139	.669	.017	.149
정통성	LG2	.104	.258	.226	.188	.227	.160	.741	.152
	LG1	.135	.219	.290	.168	.140	.190	.706	.025
	LG4	.140	.320	.299	.263	.258	.101	.643	.081
	LG3	.214	.354	.192	.326	.206	.125	.638	.065
상황보상	CR6	.183	.167	.140	.065	-.099	.119	-.167	.733
	CR3	.178	-.036	.152	.116	.317	.203	.162	.690
	CR2	.105	.109	.067	.064	.138	.133	.298	.682
	CR4	.445	.032	-.014	.055	.084	.194	.042	.605
회전 후 고유값		4.850	3.657	3.651	3.321	3.080	2.815	2.804	2.305
설명분산(누적)		12.762	22.386	31.995	40.735	48.841	56.250	63.630	69.696
제거된 항목	IC1(개별배려), IS1, IS6(지적자극), CR1, CR5(상황보상), OCB3(조직시민행동), ICT1, ICT3, ICT4, ICT5, ICT6(독립－비판성향)								

주1: 배리맥스 직각회전(varimax rotation)에 의한 요인분석을 실시하였으며, 각 요인적재량 (factor loading)은 소수 넷째 자리에서 반올림하였음.

2) 측정도구의 신뢰성 검정

앞서 각 변수들의 판별타당성과 개념타당성을 살펴보았다. 여기에서는 타당성 검정결과 구분된 각각의 연구개념을 구성하는 항목들의 내적 일관성(internal consistency)을 살펴보기 위하여 신뢰성 분석을 통해 크론바하 알파계수(cronbach's α)값을 구하였다. <표 10>에서 볼 수 있듯이 분석결과 모든 연구개념의 크론바하 알파계수의 값이 0.7 이상이므로 내적 일관성이 있다고 설명할 수 있으며, 대부분의 알파계수 값은 0.8 이상으로 나타났기 때문에 상당히 높은 수준이다.

<표 10> 연구개념의 신뢰성 검정결과

변 수	연구개념	최초항목수	최종항목수	Cronbach's α
독립변수	카리스마	5	5	.9003
	개별배려	7	6	.9246
	지적자극	6	4	.8797
	자기희생	6	6	.8642
	상황보상	6	4	.7593
종속변수	조직시민행동	5	4	.8091
	정통성	4	4	.9096
조절변수	독립-비판성향	10	5	.8388

3. 각 연구개념들의 상관관계

연구개념들 간에 상관관계가 높다는 것은 가설을 검정할 때 다중공선성(multi-collinearity) 문제가 발생할 확률이 높아진다는 것을 의미한다(이학식, 김영, 2001). 특히, 세 개 이상 변수들 간의 관계를 다중공선성이라 하는데 한 독립변수가 종속변수에 대한 설명력이 높더라도 다중공선성이 높다면 설명력이 낮은 것처럼 나타난다. 다중공선성을 알아보기 위한 한 방법으로 독립변수들 간의 상관관계를 조사하는 것인데 독립변수들 간의 높은 상관관계(일반적으로 0.90 이상)는 공선성을 판단하는 지표이다.

<표 11>에는 연구개념들의 상관관계분석을 실시한 결과가 나타나 있다. 본 연구분석 결과 모든 연구개념들 사이의 피어슨 상관계수(Peason correlation coefficient)는 유의수준 0.001 혹은 0.05 수준에서 각각 유의하였기 때문에 연구가설의 방향과 대체적으로 일치하여 단순영향관계를 살펴보는 가설의 경우에는 대부분 지지될 수 있을 것으로 예측된다.

<표 11> 연구개념들의 상관관계

	평균	표준편차	남자	연령	학력	신앙기간	면담횟수	소득	진로교과	성도수	일반성도	카리스마	개별배려	지적자극	자기희생	상황보상	조직시민행동	정통성지각	독립-비판성향
남자	.411	.493	1.00	.083	.237**	-.067	.090	.102	.036	.098	-.008	.033	.123*	-.010	.006	.082	.090	.002	.057
연령	39.575	11.513		1.00	-.150**	.118*	.169**	.181***	.014	.169**	-.650**	.255**	.171**	.206**	.077	.082	.188**	.205**	-.216**
학력	14.581	2.735			1.00	-.019	-.104	.266**	.050	.239**	.105	.004	-.074	.011	-.028	.079	.053	.006	.076
신앙기간	10.685	3.346				1.00	.088	.128**	.129*	.075	-.201**	.091	.023	.000	.071	.054	.135*	.074	-.065
면담횟수	1.903	1.092					1.00	.006	.015	-.239**	-.153**	.177**	.448**	.126**	.143**	.217**	.291**	.190**	-.252**
소득	14.5651	6.715						1.00	.085	.271**	-.242**	.177**	.000	.089	.088	.088	.133*	.142**	-.075
진로교과	.66	.48							1.00	.118*	-.045	-.064	-.078	-.003	-.033	.006	.017	-.035	.023
성도수	6.7350	1.7034								1.00	-.107*	.213**	-.296**	.222**	.048	.000	.065	.220**	-.146**
일반성도	.422	.495									1.00	-.259**	-.213**	-.128**	-.035	-.188**	-.248**	-.221**	.247**
카리스마	3.7941	.7656										1.00	.445**	.688**	.560**	.365**	.490**	.683**	-.585**
개별배려	3.0279	.9200											1.00	.409**	.484**	.496**	.434**	.412**	-.415**

	평균	표준편차	남자	연령	학력	신상기간	연담횟수	소득	상담교파	상담수	일반성도	가리스마	개별배려	지적자극	자기희생	상황보상	조직시민행동	정통성지각	독립-비판성향
지적자극	3.6496	.8062												1.00	.500**	.364**	.376**	.630**	-.517**
자기희생	3.6452	.6985													1.00	.361**	.390**	.618**	-.418**
상황보상	3.6012	.6980														1.00	.463**	.364**	-.323**
조직시민행동	3.3253	.6780															1.00	.443**	-.528**
정통성지각	3.8304	.7728																1.00	-.578**
독립-비판성향	2.6510	.7612																	1.00

주1: 피어슨 상관계수(pearson correlation)를 나타내며, *는 0.05, **는 0.01에서 유의함(양측).

주2: 코딩정보는 다음과 같다. 성별(남 1, 여 0), 연령(각 연령구분의 중앙값의 실제값수), 학력(중졸 이하 및 기타 7.5, 고졸 12, 초대졸 14, 대졸 16, 대학원졸 18), 신상기간(1년 미만 제외 후 중앙값의 실제값수), 연담횟수(1회 미만 1, 1~2회 2, 2~3회 3, 3~4회 4), 소득(각 소득구분의 중간값값), 상담교파(자연로그값), 교파(상담로교 1, 비상담로교 0), 상담수(각 상담수구분의 중간값의 중간값값), 교파(일반성도 1, 직분자 0)

제2절 가설검정결과

본 연구에서는 하나의 종속변수에 영향을 미치는 독립변수가 두 개 이상이므로 단순회귀분석을 확장한 다중회귀분석(multiple regression analysis)을 실시하였고 모든 독립변수들을 한꺼번에 포함하여 분석하는 동시입력방식(enter)으로 다중회귀식을 추정하였다.

다음은 가설 H1a와 가설 H1b를 검정하기 위해 사용한 다중회귀분석의 기본식이다.

<표 12> 다중회귀 모형의 추정

$$Y = a_0 + \beta_1 X_1 + \beta_2 X_2 + \beta_3 X_3 + \beta_4 X_4 + \beta_5 X_5 + \varepsilon$$

주: X_1부터 X_5는 각각 독립변수를 의미한다.

<표 13>과 <표 14>의 모형(1)은 통제변수인 인구통계변수와 조직시민행동 및 정통성 지각에 대한 각각의 회귀분석 결과이다. <표 13>과 <표 14>의 모형 (2)는 9개 인구통계변수와 5가지 리더십행위인 독립변수들을 포함한 회귀식 모형이다.

먼저 가설 H1a의 검증에 앞서 <표 13>의 모형 (1)에 있는 인구통계관련 변수들을 보면 면담횟수($b = .181$, $p < .000$)와 성도수 ($b = .041$, $p < .1$)가 조직시민행동에 긍정적인 영향을 미치며 직분($b = -.244$, $p < .05$)은 부정적인 영향을 미치는 것으로 나타났다. 즉, 성도들이 목회자와 면담을 빈번하게 하는 성도이거나 혹은 규모면에서 성도수가 많은 대형교회의 성도일수록 조직시민행동을 더 많이 하며 일반성도보다는 직분을 맡은 성도들이 조직시

민행동을 더 많이 한다고 해석할 수 있다.

모형 (2)에 있는 독립변수(카리스마, 개별배려, 지적자극, 자기희생, 상황보상)가 종속변수인 조직시민행동에 미치는 영향을 보면 먼저 인구통계관련 통제변수들 중에서는 면담횟수(b=.083, p<.01)만이 조직시민행동에 긍정적인 영향을 주고 있는 것으로 나타나며, 독립변수들의 상대적인 영향력의 크기를 살펴보기 위해 표준화 계수를 살펴보면 카리스마(B=.273, p<.001), 상황보상(B=.243, p<.001), 개별배려(B=.113, p<.1) 순으로 조직시민행동에 대하여 긍정적으로 유의한 것으로 나타났다.

<표 13> 목회자의 리더십행위가 조직시민행동에 미치는 회귀값 추정(n=341)

모 형		(1)			(2)		
종속변수		조직시민행동					
계 수		b	표준화 계수(B)	t	b	표준화 계수(B)	t
상 수		1.940*		2.427	.475		.671
인구통계	남자	.047	.034	.639	.025	.018	.388
	연령	-.000	-.002	-.030	.000	.004	.074
	학력	.015	.062	1.105	.011	.046	.947
	신앙기간	.014	.068	1.298	.012	.061	1.342
	면담횟수	.181***	.292	5.292	.083**	.134	2.615
	소득	.034	.034	.604	.008	.008	.169
	장로교파	-.034	-.024	-.467	.018	.013	.291
	성도수	.041+	.104	1.799	.019	.048	.862
	일반성도	-.244*	-.178	-2.605	-.093	-.068	-1.104
독립	카리스마(CH)				.242***	.273	4.092
	개별배려(IC)				.083+	.113	1.743
	지적자극(IS)				-.005	-.007	-.102
	자기희생(SS)				.040	.041	.685
	상황보상(CR)				.236***	.243	4.615
F값		6.762***			14.356***		
Adjusted R2		.132			.355		

주1: +p<.1, * p<.05, ** p<.01, *** p<.001: 양측검정
주2: 모형 (1)은 인구통계적 변수와 성도들의 반응간의 회귀식 결과이며 모형 (2)는 인구통계적 변수와 독립변수를 포함한 회귀식 결과임.

가설 H1a의 검정결과를 종합하여 설명하면 목회자의 리더십행위 중 카리스마, 상황보상, 개별배려는 성도들의 조직시민행동을 증가시키지만 지적자극과 자기희생은 조직시민행동을 증가시키는데 영향이 없는 것으로 나타났다. 자기희생과 지적자극이 유의적으로 나타나지 않은 것은 카리스마, 개별배려, 지적자극, 자기희생, 상황보상이 한 회귀식에 포함되어 있을 때 즉, 한 목회자가 이러한 여러 가지 리더십행위를 할 때 자기희생과 지적자극 행위는 카리스마, 상황보상, 개별배려 행위에 비해서 상대적으로 성도들로 하여금 조직시민행동을 유발시키는데 별다른 영향을 미치지 못하는 것으로 풀이된다. 따라서 목회자가 성도들로 하여금 주위의 성도들을 서로 돕고, 교회발전에 헌신하는 등의 조직시민행동을 유발하기 위해서는 위로부터 (하나님께)선택받은 초인적인 카리스마적 기질을 가지고, 성도들에게 상황에 적합한 보상행위로 시기적절하게 모범을 보이며, 성도 한사람 한사람을 개별적으로 배려해 주고 인도하는 것이 지적자극이나 자기희생 행위를 발휘하는 것보다 더욱 효과적이라고 판단된다.

가설 H1b의 검정에 앞서 <표 14>의 모형 (1)에 있는 인구통계관련 변수들을 보면 면담횟수(b=.175, p<.000)와 성도수(b=.125, p<.000)가 정통성 지각을 증가시키며 직분(b=-.202, p<.1))은 부정적인 영향을 미치는 것으로 나타났다. 즉, 목회자와 월 면담횟수가 빈번한 성도 혹은 대형교회의 성도일수록 목회자에 대하여 정통성을 더 많이 지각하며, 일반성도보다는 직분을 맡은 성도들이 목회자에 대하여 정통성을 더 많이 지각한다고 이해할 수 있다.

<표 14>의 모형 (2)에 있는 독립변수(카리스마, 개별배려, 지적자극, 자기희생, 상황보상)가 종속변수인 정통성 지각에 미치는 영

향을 보면 먼저 인구통계관련 통제변수들 중에서는 면담횟수(b
=.056, p<.1)와 성도수(b=.053, p<.01)가 성도들의 목회자에 대한
정통성 지각을 증가시키며 직분(b=-.131,p<.1)은 정통성을 감소시
키는 것으로 나타났다. 독립변수들의 상대적인 영향력의 크기를 살펴
보기 위해 표준화 계수를 살펴보면 카리스마(B=.348, p<.001), 자
기희생(B=.329, p<.001), 지적자극(B=.141, p<.01) 순으로 목회
자에 대한 정통성 지각에 유의적으로 긍정적인 영향을 미치는 것으
로 나타났다.

<표 14> 목회자의 리더십행위가 정통성 지각에 미치는 회귀값 추정(n=341)

모 형		(1)			(2)		
종속변수		정통성 지각					
계 수		b	표준화 계수(B)	t	b	표준화 계수(B)	t
상 수		2.237*		2.449	.310		.474
인구통계	남자	.008	.005	.094	.018	.012	.320
	연령	.002	.027	.387	-.001	-.021	-.426
	학력	-.000	-.003	-.049	.004	.017	.423
	신앙기간	.002	.009	.166	-.001	-.008	-.205
	면담횟수	.175***	.247	4.465	.056+	.080	1.920
	소득	.042	.036	.645	.000	.000	.005
	장로교파	-.133	-.082	-1.592	-.02	-.017	-.477
	성도수	.125***	.275	4.738	.053**	.119	2.655
	일반성도	-.202+	-.129	-1.881	-.131+	-.084	-1.687
독 립	카리스마(CH)				.348***	.345	6.364
	개별배려(IC)				.014	.017	.319
	지적자극(IS)				.141**	.152	2.814
	자기희생(SS)				.329***	.295	6.092
	상황보상(CR)				.039	.035	.829
F값		6.514***			33.965***		
Adjusted R2		.127			.576		

주1: +p<.1, * p<.05, ** p<.01, *** p<.001: 양측검정
주2: 모형 (1)은 인구통계적 변수와 성도들의 반응간의 회귀식 결과이며 모형 (2)는
     인구통계적 변수와 독립변수를 포함한 회귀식 결과임.

가설 H1b의 검정결과를 종합하여 설명하면 목회자의 리더십행위 중 카리스마, 자기희생, 지적자극 등은 성도들로 하여금 목회자에 대한 정통성 지각을 증가시키지만 개별배려와 상황보상은 정통성 지각을 증가시키지 않는 것으로 나타났다. 앞의 가설 H1a에서 성도들의 조직시민행동에 영향을 미치는 목회자의 리더십행위들인 개별배려와 상황보상이 목회자에 대한 정통성을 지각하는 데에는 영향을 못 미치는 것을 알 수 있다. 다시 말하면 성도들은 목회자가 카리스마, 자기희생, 지적자극 행위를 많이 할수록 목회자가 정통성이 있다고 더 많이 지각하며 목회자의 개별배려와 상황보상 행위는 성도들로 하여금 목회자에 대하여 정통성을 지각하는 데에 영향을 미치지 않는 것으로 나타났다.

이것은 카리스마, 개별배려, 지적자극, 자기희생, 상황보상이 한 회귀식에 포함되어 있을 때 즉, 한 목회자가 이러한 여러 가지 리더십행위를 할 때 개별배려와 상황보상 행위는 카리스마, 지적자극, 자기희생 행위에 비해서 상대적으로 성도들로 하여금 목회자에 대한 정통성 지각을 증가시키는데 큰 영향을 미치지 못하는 것으로 풀이된다. 따라서 목회자가 절대적인 신으로부터 부여받은 카리스마적 기질을 발휘하고, 새로운 차원의 지적자극을 제공하며, 자신의 권한, 보상, 업무 등을 포기하는 행위를 발휘할수록 성도들은 그 목회자에게 정통성이 더 많이 있다고 지각할 것이다.

본 연구의 가설 H2부터 가설 H6까지는 종속변수에 대한 영향력이 독립변수와 조절변수의 상호작용에 의하여 달라질 수 있기 때문에 조절회귀분석(moderate regression analysis)을 실시하여야 한다. 변수들 간의 인과관계에 대한 특정변수의 조절효과를 알아보기 위한 분석방법으로는 전통적으로 표본을 각 조절변수별로 2개 그

룹으로 나누어(예를 들어 독립-비판성향이 높은 집단과 낮은 집단)
비교하는 하위그룹 분석방법(subgroup analysis)이 많이 이용되
었는데(이학식, 1997), 본 연구에서는 조절회귀분석을 이용하였다.
조절회귀분석은 전통적 하위그룹 비교방법에 비하여 다음과 같은 장
점을 지닌다(Bagozzi, Baumgartner, and Yi, 1992).

첫째, 하위그룹 분석방법은 통계적 검증력(statistical power)
이 낮으며 하위그룹 분산차이(subgroup variance difference)
와 조절변수효과가 혼합되어(confound) 조절변수효과가 제대로
나타나지 않을 수 있다. 이에 비하여 조절회귀분석은 조절변수의
원래값을 이용함으로써 정보의 손실을 방지한다.

둘째, 하위그룹 비교방법의 경우 전체표본을 중앙값에 의하여 인위적
으로 나눔으로써 비현실적 결과가 초래될 수 있다. 예를 들어 응답자 모
두가 독립-비판성향이 높다하더라도 이 방법에 의하면 높은 독립-비
판성향집단과 낮은 독립-비판성향집단으로 강제로 구분되며, 응답자의
독립-비판성향이 실제로는 높더라도 낮은 집단으로 분류될 수 있다.

셋째, 하위그룹 비교방법의 경우 구분의 기준값을 어떤 값으로
하는가에 따라 관측되는 관계가 매우 다르게 나타날 수 있다.

따라서 본 연구에서는 다음과 같이 일반적으로 조절역할을 검
정하기 위한 회귀식 측정 방법을 사용하였다.

<표 15> 조절역할을 검정하기 위한 모형의 추정

$Y = a_0 + \beta_1 X_1 + \beta_2 X_2 + \varepsilon$
$Y = a_0 + \beta_1 X_1 + \beta_2 X_2 + \beta_3 X_1 X_2 + \zeta$

주: X_1과 X_2는 각각 독립변수와 조절변수를 의미한다. 그 반대도 성립한다.

<표 15>를 설명하면, X_1과 X_2가 상호작용을 한다는 것은 X_1과 Y 사이의 관계가 X_2의 값에 따라 변화한다는 것을 의미한다. 이러한 상호작용효과를 측정하기 위해서 X_1과 X_2의 곱인 X_1X_2변수를 새롭게 만들어서 회귀식에 투입하여야 한다. 이러한 경우 X_2가 X_1의 Y 에 대한 효과를 조절한다고 설명할 수 있으며, X_2가 조절변수 (moderate variable)로 작용한다고 설명할 수 있다(Cronbach, 1987; Venkatraman, 1989).

본 연구에서 고려하는 목회자의 리더십행위가 성도의 조직시민 행동과 목회자에 대한 정통성 지각을 증가시키는 데 있어서 성도의 독립-비판성향의 높고 낮음이 조절역할을 한다는 것은 리더십행위와 독립-비판성향 사이의 상호작용(interaction)을 통하여 결과변수인 성도의 조직시민행동과 정통성 지각에 미치는 영향력이 달라진다는 의미가 되는 것이다.

<표 16>은 본 연구에서 조절역할을 검정하기 위한 모형의 추정이다. 가설 H2부터 가설 H6의 조절역할에 대한 검정은 조절변수인 계수인 β_7 이 부(-)의 값을 가지면서 유의하면 리더십행위와 조절변수(독립-비판성향)사이에 부정적인 효과가 존재하는 것이므로 가설이 지지된다고 볼 수 있다. 여기에서 β_1부터 β_6의 유의성은 각각 독립변수와 조절변수의 주 효과(main effect)를 검토하기 위한 것이며, 조절역할을 살펴보기 위해서는 이들의 상호작용효과(interaction effect)를 검토하면 된다. 따라서 β_7 계수의 방향성과 유의성을 살펴보는 것이다. 만약 β_7 계수의 값이 부(-)의 방향으로 나타난다면 목회자의 리더십행위가 성도의 반응(조직시민행동, 정통성 지각)에 미치는 효과는 조절변수(독립-비판성향)가 증가함에 따라 감소하는 것이기 때문에 리더십행위의 효과를 억

제하는 것으로 해석할 수 있다.

조절역할을 검정하는 데 있어서 본 연구에서는 비율(continual) 척도로 구성된 설문지를 사용하였기 때문에 독립변수와 조절변수의 상관관계가 높은 경우, 다중공선성(multi-collinearity)의 문제가 발생할 확률이 존재한다(Cohen & Cohen 1983). 이러한 문제를 해결하는 방법으로는 소집단 분석(subgroup analysis), 독립변환 (orthogonal centering), 평균변환(mean centering) 등을 이용하면 되는데, 본 연구에서는 각 연구개념에 대한 요인분석을 실시하여 독립변환 방법을 사용하여 다중공선성의 문제를 해결하려 하였다.

<표 16> 독립-비판성향의 조절역할모형 추정

H2 카리스마	$OCB = \alpha_0 + \beta_1 CH + \beta_2 IC + \beta_3 IS + \beta_4 SS + \beta_5 CR + \beta_6 ICT + \beta_7 CH*ICT + \varepsilon$
	$LG = \alpha_0 + \beta_1 CH + \beta_2 IC + \beta_3 IS + \beta_4 SS + \beta_5 CR + \beta_6 ICT + \beta_7 CH*ICT + \zeta$
H3 개별배려	$OCB = \alpha_0 + \beta_1 CH + \beta_2 IC + \beta_3 IS + \beta_4 SS + \beta_5 CR + \beta_6 ICT + \beta_7 IC*ICT + \varepsilon$
	$LG = \alpha_0 + \beta_1 CH + \beta_2 IC + \beta_3 IS + \beta_4 SS + \beta_5 CR + \beta_6 ICT + \beta_7 IC*ICT + \zeta$
H4 지적자극	$OCB = \alpha_0 + \beta_1 CH + \beta_2 IC + \beta_3 IS + \beta_4 SS + \beta_5 CR + \beta_6 ICT + \beta_7 IS*ICT + \varepsilon$
	$LG = \alpha_0 + \beta_1 CH + \beta_2 IC + \beta_3 IS + \beta_4 SS + \beta_5 CR + \beta_6 ICT + \beta_7 IS*ICT + \zeta$
H5 자기희생	$OCB = \alpha_0 + \beta_1 CH + \beta_2 IC + \beta_3 IS + \beta_4 SS + \beta_5 CR + \beta_6 ICT + \beta_7 SS*ICT + \varepsilon$
	$LG = \alpha_0 + \beta_1 CH + \beta_2 IC + \beta_3 IS + \beta_4 SS + \beta_5 CR + \beta_6 ICT + \beta_7 SS*ICT + \zeta$
H6 상황보상	$OCB = \alpha_0 + \beta_1 CH + \beta_2 IC + \beta_3 IS + \beta_4 SS + \beta_5 CR + \beta_6 ICT + \beta_7 CR*ICT + \varepsilon$
	$LG = \alpha_0 + \beta_1 CH + \beta_2 IC + \beta_3 IS + \beta_4 SS + \beta_5 CR + \beta_6 ICT + \beta_7 CR*ICT + \zeta$

주1: OCB는 조직시민행동, LG는 정통성 지각, CH는 카리스마, IC는 개별배려, IS 는 지적자극, SS는 자기희생, CR은 상황보상, ICT는 독립-비판성향, ε_i, ζ_i(i =1,2,3)는 잔차를 의미함.

<표 17>부터 <표26>에서의 모형(1)은 통제변수인 인구통계변수와 독립변수, 조절변수를 포함한 회귀식 모형이다. 또한 모형(2)는 모형

(1)의 변수에 각각의 독립변수와 조절변수의 상호작용(interaction terms: 예를 들면 카리스마*독립-비판성향)을 포함한 회귀식 모형이다. 분석결과 앞의 <표 11>의 조직시민행동, 정통성과 다른 변수간의 유의미한 단순상관관계들은 대부분 거짓(spurious) 상관관계임이 드러났다. 각각의 가설에 대한 분석결과를 설명하면 다음과 같다.

<표 17> 카리스마와 조직시민행동 간의 관계에 대한 독립-비판성향의 조절효과에 대한 회귀값 추정(n=341)

모 형		(1)			(2)		
종속변수		조직시민행동					
계 수		b	표준화 계수(B)	t	b	표준화 계수(B)	t
상 수		1.734*		2.417	.435		.493
인구통계	남자	.067	.049	1.100	.049	.036	.806
	연령	.000	.010	.168	.000	.015	.263
	학력	.015	.061	1.292	.013	.056	1.201
	신앙기간	.013	.066	1.514	.011	.058	1.331
	면담횟수	.057+	.093	1.870	.056+	.090	1.833
	소득	.018	.018	.392	.016	.016	.346
	장로교파	.018	.013	.296	.027	.019	.451
	성도수	.001	.003	.048	-.001	-.004	-.082
	일반성도	-.05	-.040	-.678	-.045	-.033	-.558
독 립	카리스마(CH)	.157**	.177	2.669	.527**	.595	3.310
	개별배려(IC)	.050	.069	1.099	.060	.082	1.318
	지적자극(IS)	-.039	-.048	-.745	-.050	-.062	-.959
	자기희생(SS)	.025	.026	.447	.025	.026	.461
	상황보상(CR)	.226***	.232	4.594	.204***	.210	4.133
조 절	독립-비판 성향(ICT)	-.268***	-.301	-5.424	.228	.256	1.115
상호작용	ICT*CH				-.130*	-.472	-2.498
F값		16.529***			16.135***		
Adjusted R2		.407			.416		

주1: +p<.1, * p<.05, ** p<.01, *** p<.001: 양측검정
주2: 모형 (1)(2)의 종속변수는 조직시민행동임.

가설 H2a의 검증에서 <표 17>의 모형(2)에 있는 독립변수인 카리스마와 결과변수인 조직시민행동에 대한 독립－비판성향의 상호작용을 결과를 살펴보면 독립－비판성향이 높을수록 조직시민행동은 낮아지는 것으로 나타났다(b=-.130, p<.05). 독립－비판성향과 카리스마의 상호작용이 부(－)의 방향으로 유의하다는 것은 독립－비판성향이 낮아질수록 목회자의 카리스마 행위가 성도의 조직시민행동에 대한 영향력이 강해진다는 것을 의미한다. 즉, 독립－비판성향이 낮은 성도들(의존－순종형)이 높은 성도들(독립－비판형)보다 목회자가 카리스마 행위를 발휘하였을 때 조직시민행동을 더 많이 하는 것으로 해석할 수 있다.

<그림 2>는 가설 H2a의 카리스마와 조직시민행동 간의 관계에 대한 독립－비판성향의 조절효과를 회귀값을 통해 비교한 것으로서 높은 독립－비판성향의 성도들(b=.173, p=.000)보다 낮은 성도들(b=.451, p=.000)이 유의하게 더 크다는 것을 알 수 있다. 이것은 5점 척도를 기준으로 목회자가 카리스마 행위를 한 수준 많이 하면 독립－비판성향이 낮은 성도(의존－순종형)는 조직시민행동을 .451 정도 더 많이 할 수 있으나, 독립－비판성향이 높은 성도는 .173 정도로써 성향이 낮은 성도보다 조직시민행동을 덜 하는 것으로 해석할 수 있다.

이러한 결과는 본 연구자가 높은 독립－비판성향이 리더십 효과에 중화요인으로 작용할 것이라고 기대한 것과는 다소 차이가 있다. <그림 2>을 보면 목회자가 카리스마 행위를 많이 할 경우(예, 카리스마 5점)에는 높은 독립－비판성향의 성도가 조직시민행동을 더 적게 하므로 이때의 독립－비판성향은 중화요인으로 작용하지만, 목회자가 카리스마 행위를 적게 할 경우(예, 카리스마 1점)에는 높은

독립－비판성향의 성도가 조직시민행동을 더 많이 하므로 이때의
독립－비판성향은 대체요인으로 작용한다는 것을 볼 수 있다.

가설 H2b의 검증에서 <표 18>의 모형 (2)에 있는 독립변수인
카리스마와 결과변수인 정통성 지각에 대한 독립－비판성향의 상
호작용을 결과를 살펴보면 독립－비판성향이 높을수록 정통성은
덜 지각하는 것으로 나타났다(b=-.123, p<.05). 독립－비판성
향과 카리스마의 상호작용이 부(-)의 방향으로 유의하다는 것은
독립－비판성향이 낮아질수록 목회자의 카리스마 행위가 성도의
정통성 지각에 대한 영향력이 강해진다는 것을 의미한다. 즉, 목
회자가 카리스마 행위를 발휘하였을 때 독립－비판성향이 낮은
성도들(의존－순종형)이 높은 성도들(독립－비판형)보다 정통성을
더 많이 지각하는 것으로 이해할 수 있다.

<그림 2> 카리스마와 조직시민행동 간의 관계에 대한
독립－비판성향의 상호작용효과

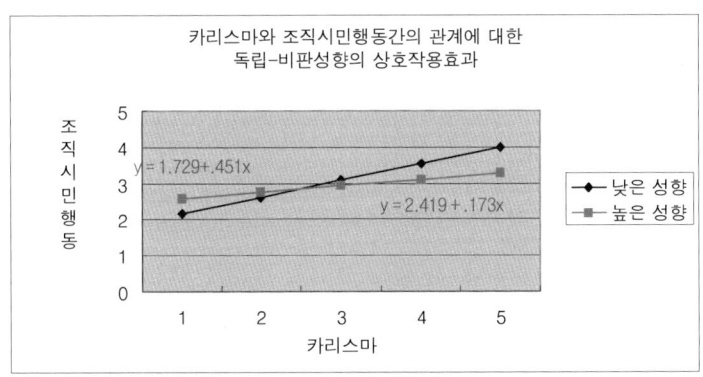

<그림 3>은 가설 H2b의 카리스마와 정통성 지각 간의 관계에 대한 독립-비판성향의 조절효과를 회귀값을 통해 비교한 것으로서 높은 독립-비판성향의 성도들(b=.457, p=.000)보다 낮은 성도들(b=.664, p=.000)의 회귀값이 유의하게 더 크다는 것을 알 수 있다.

　이것은 5점 척도를 기준으로 목회자가 카리스마 행위를 한 수준 증가하면 독립-비판성향이 낮은 성도(의존-순종형)는 목회자에 대하여 정통성을 .664 정도 지각할 수 있으나, 독립-비판성향이 높은 성도는 목회자의 카리스마 행위에 대하여 .457 정도로써 성향이 낮은 성도(의존-순종형)보다 정통성을 덜 지각하는 것으로 해석할 수 있다.

<표 18> 카리스마와 정통성 지각 간의 관계에 대한 독립-비판성향의 조절효과에 대한 회귀값 추정(n=341)

모 형		(1)			(2)		
종속변수		정통성 지각					
계 수		b	표준화 계수(B)	t	b	표준화 계수(B)	t
상 수		1.171+		1.732	-.057		-.069
인구통계	남자	.048	.031	.831	.031	.020	.536
	연령	-.001	-.018	-.369	-.000	-.013	-.277
	학력	.007	.025	.654	.006	.022	.558
	신앙기간	-.001	-.005	-.126	-.002	-.011	-.318
	면담횟수	.039	.055	1.341	.037	.053	1.299
	소득	.007	.006	.161	.004	.004	.113
	장로교파	-.028	-.017	-.492	-.020	-.012	-.341
	성도수	.041*	.092	2.071	.039+	.086	1.954
	일반성도	-.105	-.067	-1.378	-.096	-.061	-1.262
독 립	카리스마(CH)	.290***	.287	5.221	.640***	.634	4.260
	개별배려(IC)	-.008	-.010	-.187	.001	.001	.027
	지적자극(IS)	.118*	.128	2.391	.108*	.116	2.191
	자기희생(SS)	.319***	.286	6.024	.319***	.287	6.084
	상황보상(CR)	.032	.029	.691	.011	.011	.257
조 절	독립-비판성향(ICT)	-.183***	-.181	-3.936	.286	.282	1.482
상호작용	ICT*CH				-.123*	-.392	-2.505
F값		34.142***			32.920***		
Adjusted R2		.594			.600		

주1: +p<.1, * p<.05, ** p<.01, *** p<.001: 양측검정
주2: 모형 (1)(2)의 종속변수는 정통성 지각임.

이러한 결과는 본 연구자가 높은 독립-비판성향이 리더십 효과에 중화요인으로 작용할 것이라고 기대한 것과는 다소 차이가 있다. <그림 3>을 보면 목회자가 카리스마 행위를 많이 할 경우

(예, 카리스마 5점)에는 높은 독립－비판성향의 성도가 정통성을 더 적게 지각하므로 이때의 독립－비판성향은 중화요인으로 작용하지만, 목회자가 카리스마 행위를 적게 할 경우(예, 카리스마 1점)에는 높은 독립－비판성향의 성도가 정통성을 더 많이 지각하므로 이때의 독립－비판성향은 대체요인으로 작용하는 것을 볼 수 있다.

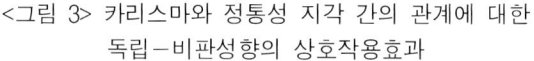

<그림 3> 카리스마와 정통성 지각 간의 관계에 대한
독립－비판성향의 상호작용효과

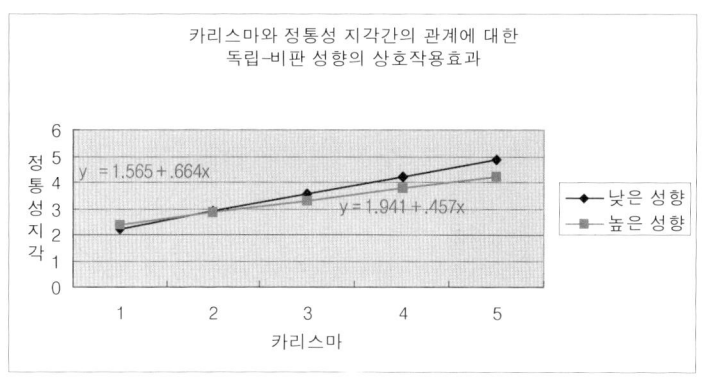

가설 H3a의 검증에서 <표 19>의 모형(2)에 있는 독립변수인 개별배려와 결과변수인 조직시민행동에 대한 독립－비판성향의 상호작용의 결과를 살펴보면 먼저 인구통계관련 통제변수들 중에서는 면담횟수(b=.057, p<.1)만이 조직시민행동을 증가시키는 것으로 나타나며, 독립－비판성향의 조절효과는 나타나지 않았다(b=-.027, p=.498). 이러한 결과는 목회자의 성도들을 위한 개별배려 행위는 조직시민행동을 함에 있어서 독립－비판성향이 높은 성도와 낮은 성

도(의존－순종성향) 간의 차이가 없음을 의미하는 것이다.

모형 (1)에서의 독립변수들의 상대적인 영향력의 크기를 살펴보기 위해 표준화 계수를 살펴보면 카리스마(B=.177, p<.01)와 상황보상(B=.232, p<.000)은 다른 변수들을 통제하고도 성도들의 조직시민행동을 증진시키는 핵심요소인 것으로 나타나고 있다.

<표 19> 개별배려와 조직시민행동 간의 관계에 대한 독립－비판성향의 조절효과에 대한 회귀값 추정(n=341)

모 형		(1)			(2)		
종속변수		조직시민행동					
계 수		b	표준화계수(B)	t	b	표준화계수(B)	t
상 수		1.734*		2.417	1.525+		1.953
인구통계	남자	.067	.049	1.100	.062	.046	1.008
	연령	.000	.010	.168	.000	.010	.180
	학력	.015	.061	1.292	.015	.062	1.307
	신앙기간	.013	.066	1.514	.013	.064	1.458
	면담횟수	.057+	.093	1.870	.056+	.091	1.826
	소득	.018	.018	.392	.018	.018	.386
	장로교파	.018	.013	.296	.017	.013	.291
	성도수	.001	.003	.048	.000	.000	.005
	일반성도	-.05	-.040	-.678	-.056	-.041	-.692
독 립	카리스마(CH)	.157**	.177	2.669	.161**	.182	2.719
	개별배려(IC)	.050	.069	1.099	.121	.164	1.070
	지적자극(IS)	-.039	-.048	-.745	-.039	-.048	-.749
	자기희생(SS)	.025	.026	.447	.026	.028	.478
	상황보상(CR)	.226***	.232	4.594	.221***	.228	4.455
조 절	독립－비판성향(ICT)	-.268***	-.301	-5.424	-.186	-.209	-.1435
상호작용	ICT*IC				-.027	-.104	-.679
F값		16.529***			15.499***		
Adjusted R2		.407			.406		

주1: +p<.1, * p<.05, ** p<.01, *** p<.001: 양측검정
주2: 모형 (1)(2)의 종속변수는 조직시민행동임.

<표 20> 개별배려와 정통성 지각 간의 관계에 대한 독립－비판성향
의 조절효과에 대한 회귀값 추정(n=341)

모 형		(1)			(2)		
종속변수		정통성 지각					
계 수		b	표준화 계수(B)	t	b	표준화 계수(B)	t
상 수		1.171+		1.732	.451		.618
인구통계	남자	.048	.031	.831	.030	.020	.527
	연령	-.001	-.018	-.369	-.001	-.015	-.326
	학력	.007	.025	.654	.007	.028	.718
	신앙기간	-.001	-.005	-.126	-.002	-.011	-.314
	면담횟수	.039	.055	1.341	.034	.049	1.203
	소득	.007	.006	.161	.006	.005	.141
	장로교파	-.028	-.017	-.492	-.029	-.018	-.514
	성도수	.041*	.092	2.071	.038+	.085	1.926
	일반성도	-.105	-.067	-1.378	-.109	-.070	-1.443
독 립	카리스마(CH)	.290***	.287	5.221	.303***	.300	5.478
	개별배려(IC)	-.008	-.010	-.187	.233*	.278	2.211
	지적자극(IS)	.118*	.128	2.391	.117*	.127	2.395
	자기희생(SS)	.319***	.286	6.024	.325***	.292	6.186
	상황보상(CR)	.032	.029	.691	.016	.015	.351
조 절	독립－비판 성향(ICT)	-.183***	-.181	-3.936	.098	.097	.811
상호작용	ICT*IC				-.093*	-.315	-2.510
F값		34.142***			32.924***		
Adjusted R2		.594			.600		

주1: +p<.1, * p<.05, ** p<.01, *** p<.001: 양측검정
주2: 모형 (1)(2)의 종속변수는 정통성 지각임.

가설 H3b의 검증에서 <표 20>의 모형(2)에 있는 독립변수인 개
별배려와 결과변수인 정통성 지각에 대한 독립－비판성향의 상호
작용의 결과를 살펴보면 독립－비판성향이 높을수록 정통성 지각
은 낮아지는 것으로 나타났다(b=-.093, p<.05). 독립－비판성향
과 개별배려의 상호작용이 부(－)의 방향으로 유의하다는 것은 독

립-비판성향이 낮아질수록 목회자의 개별배려 행위가 성도의 정통성 지각에 대한 영향력이 강해진다는 것을 의미한다. 즉, 독립-비판성향이 낮은 성도들(의존-순종형)이 높은 성도들(독립-비판형)보다 목회자가 개별배려 행위를 발휘하였을 때 정통성을 더 많이 지각하는 것으로 해석할 수 있다.

<그림 4>는 가설 H3b의 개별배려와 정통성 지각 간의 관계에 대한 독립-비판성향의 조절효과를 회귀값을 통해 비교한 것으로서 독립-비판성향이 높은 성도(b=.457, p=.000)보다 낮은 성도(b=.664, p=.000)의 회귀값이 유의하게 더 크다는 것을 알 수 있다. 이것은 5점 척도를 기준으로 목회자가 개별배려행위를 한 수준 많이 하면 독립-비판성향이 낮은 성도(의존-순종형)는 정통성을 .664 정도 지각할 수 있으나, 독립-비판성향이 높은 성도는 .457 정도로써 성향이 낮은 성도보다 정통성을 덜 지각하는 것으로 이해할 수 있다.

이러한 결과는 본 연구자가 높은 독립-비판성향이 리더십 효과에 중화요인으로 작용할 것이라고 기대한 것과는 다소 차이가 있다. <그림 4>를 보면 목회자가 개별배려 행위를 많이 할 경우(예, 개별배려 5점)에는 높은 독립-비판성향의 성도가 정통성을 더 적게 지각하므로 이때의 독립-비판성향은 중화요인으로 작용하지만, 목회자가 개별배려 행위를 적게 할 경우(예, 개별배려 1점)에는 높은 독립-비판성향의 성도가 정통성을 더 많이 지각하므로 이때의 독립-비판성향은 대체요인으로 작용하는 것을 볼 수 있다.

가설 H4a의 검증에서 <표 21>의 모형(2)에 있는 독립변수인 지적자극과 결과변수인 조직시민행동에 대한 독립-비판성향의 상호작용의 결과를 살펴보면 독립-비판성향이 높을수록 조직시민행동은 덜 하는 것으로 나타났다(b=-.081, p<.1). 독립-비판성향과 지적자극의 상호작용이 부(-)의 방향으로 유의하다는 것은 독립-비판성향이 낮아질수록 목회자의 지적자극 행위가 성도의 조직시민행동에 대한 영향력이 강해진다는 것을 의미한다. 즉, 목회자의 지적자극 행위에 대하여 독립-비판성향이 높은 성도(독립-비판형)보다 낮은 성도들(의존-순종형)이 조직시민행동을 더 많이 하는 것으로 이해할 수 있다.

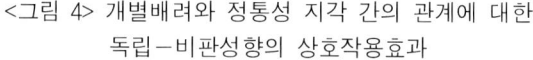

<그림 4> 개별배려와 정통성 지각 간의 관계에 대한
독립-비판성향의 상호작용효과

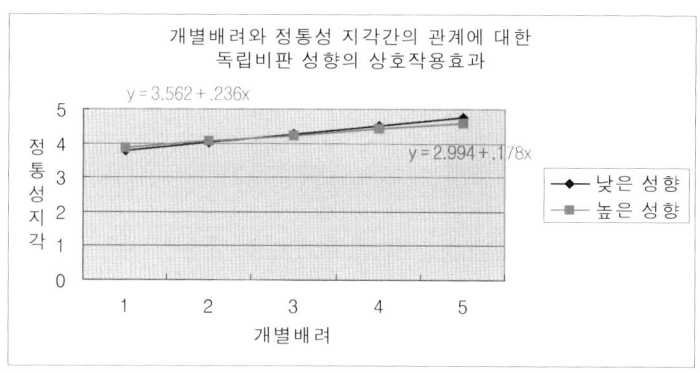

<그림 5>는 가설 H4a의 지적자극과 조직시민행동 간의 관계에 대한 독립-비판성향의 조절효과를 회귀값을 통해 비교한 것으로서 독립-비판성향이 높은 성도(b=.102, p=.000)보다 낮은 성도(b=.225, p=.000)의 회귀값이 유의하게 더 크다는 것을 알 수 있다. 이것은 5점 척도를 기준으로 목회자가 지적자극 행위를

한 수준 많이 하면 독립-비판성향이 낮은 성도(의존-순종형)는 .225 정도의 조직시민행동을 하지만, 독립-비판성향이 높은 성도는 .102 정도로써 성향이 낮은 성도보다 조직시민행동을 덜 하는 것으로 해석할 수 있다.

<표 21> 지적자극과 조직시민행동 간의 관계에 대한 독립-비판성향의 조절효과에 대한 회귀값 추정(n=341)

모 형		(1)			(2)		
종속변수		조직시민행동					
계 수		b	표준화 계수(B)	t	b	표준화 계수(B)	t
상 수		1.734*		2.417	.984		1.191
인구통계	남자	.067	.049	1.100	.067	.049	1.097
	연령	.000	.010	.168	.000	.013	.228
	학력	.015	.061	1.292	.015	.062	1.328
	신앙기간	.013	.066	1.514	.012	.063	1.434
	면담횟수	.057+	.093	1.870	.057+	.092	1.856
	소득	.018	.018	.392	.016	.016	.350
	장로교파	.018	.013	.296	.019	.014	.321
	성도수	.001	.003	.048	-.004	-.011	-.200
	일반성도	-.05	-.040	-.678	-.058	-.042	-.716
독 립	카리스마(CH)	.157**	.177	2.669	.160**	.180	2.722
	개별배려(IC)	.050	.069	1.099	.050	.069	1.095
	지적자극(IS)	-.039	-.048	-.745	.183	.225	1.372
	자기희생(SS)	.025	.026	.447	.022	.023	.404
	상황보상(CR)	.226***	.232	4.594	.218***	.224	4.433
조 절	독립-비판 성향(ICT)	-.268***	-.301	-5.424	.030	.034	.175
상호작용	ICT*IS				-.081*	-.313	-1.809
F값		16.529***			15.809***		
Adjusted R2		.407			.411		

주1: +p<.1, * p<.05, ** p<.01, *** p<.001: 양측검정
주2: 모형 (1)(2)의 종속변수는 조직시민행동임.

이러한 결과는 본 연구자가 높은 독립－비판성향이 리더십 효과에 중화요인으로 작용할 것이라고 기대한 것과는 다소 차이가 있다. <그림 5>를 보면 목회자가 지적자극 행위를 많이 할 경우(예, 지적자극 5점)에는 높은 독립－비판성향의 성도가 조직시민행동을 더 적게 하므로 이때의 독립－비판성향은 중화요인으로 작용하지만, 목회자가 지적자극 행위를 적게 할 경우(예, 지적자극 1점)에는 높은 독립－비판성향의 성도가 조직시민행동을 더 많이 하므로 이때의 독립－비판성향은 대체요인으로 작용한다는 것을 볼 수 있다.

<그림 5> 지적자극과 조직시민행동 간의 관계에 대한
독립－비판성향의 상호작용효과

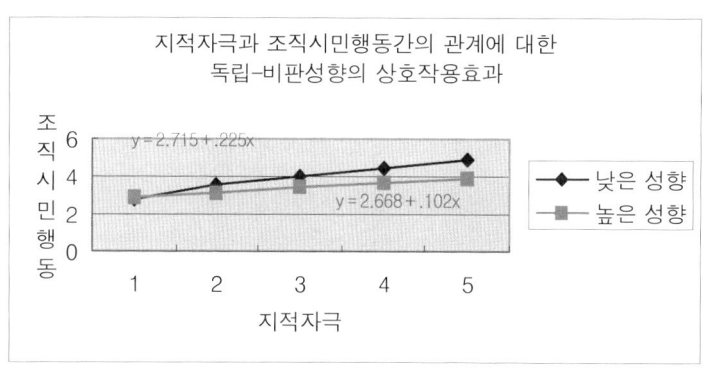

가설 H4b의 검증에서 <표 22>의 모형(2)에 있는 독립변수인 지적자극과 결과변수인 정통성 지각에 대한 독립－비판성향의 상호작용의 결과를 살펴보면 독립－비판성향이 높을수록 정통성은 덜 지각하는 것으로 나타났다(b=-.098, p<.05). 독립－비판성향과

지적자극의 상호작용이 부(-)의 방향으로 유의하다는 것은 독립
-비판성향이 낮아질수록 목회자의 지적자극 행위가 성도의 정통
성 지각에 대한 영향력이 강해진다는 것을 의미한다. 즉, 목회자의
지적자극 행위에 대하여 독립-비판성향이 높은 성도(독립-비판
형)보다 낮은 성도들(의존-순종형)이 정통성을 더 많이 지각하는
것으로 이해할 수 있다.

　<그림 6>은 가설 H4b의 지적자극과 정통성 지각 간의 관계에
대한 독립-비판성향의 조절효과를 회귀값을 통해 비교한 것으로
서 독립-비판성향이 높은 성도(b=.341, p=.000)보다 낮은 성
도(b=.504, p=.000)의 회귀값이 유의하게 더 크다는 것을 알
수 있다.

<표 22> 지적자극과 정통성 지각 간의 관계에 대한 독립－비판성향의 조절효과에 대한 회귀값 추정(n＝341)

모 형		(1)			(2)		
종속변수		정통성 지각					
계 수		b	표준화 계수(B)	t	b	표준화 계수(B)	t
상 수		1.171+		1.732	.272		.726
인구통계	남자	.048	.031	.831	.047	.031	.408
	연령	-.001	-.018	-.369	-.000	-.014	.768
	학력	.007	.025	.654	.007	.027	.485
	신앙기간	-.001	-.005	-.126	-.001	-.008	.816
	면담횟수	.039	.055	1.341	.038	.054	.187
	소득	.007	.006	.161	.004	.004	.914
	장로교파	-.028	-.017	-.492	-.027	-.016	.642
	성도수	.041*	.092	2.071	.035+	.078	.081
	일반성도	-.105	-.067	-1.378	-.109	-.070	.153
독 립	카리스마(CH)	.290***	.287	5.221	.293***	.290	.000
	개별배려(IC)	-.008	-.010	-.187	-.008	-.010	.843
	지적자극(IS)	.118*	.128	2.391	.384**	.415	.002
	자기희생(SS)	.319***	.286	6.024	.316***	.283	.000
	상황보상(CR)	.032	.029	.691	.022	.020	.624
조 절	독립－비판 성향(ICT)	-.183***	-.181	-3.936	.174	.172	.282
상호작용	ICT*IS				-.098*	-.329	.022
F값		34.142***			32.768***		
Adjusted R2		.594			.599		

주1: +p<.1, * p<.05, ** p<.01, *** p<.001: 양측검정
주2: 모형 (1)(2)의 종속변수는 정통성 지각임.

이것은 5점 척도를 기준으로 목회자가 지적자극 행위를 한 수준 많이 하면 독립－비판성향이 낮은 성도(의존－순종형)는 정통성을 .504 정도 지각할 수 있으나, 독립－비판성향이 높은 성도는 .341 정도로써 성향이 낮은 성도보다 정통성을 덜 지각하는

것으로 이해할 수 있다.

　이러한 결과는 본 연구자가 높은 독립ー비판성향이 리더십 효과에 중화요인으로 작용할 것이라고 기대한 것과는 다소 차이가 있다. <그림 6>을 보면 목회자가 지적자극 행위를 많이 할 경우(예, 지적자극 5점)에는 높은 독립ー비판성향의 성도가 정통성을 더 적게 지각하므로 이때의 독립ー비판성향은 중화요인으로 작용하지만, 목회자가 지적자극 행위를 적게 할 경우(예, 지적자극 1점)에는 높은 독립ー비판성향의 성도가 정통성을 더 많이 지각하므로 이때의 독립ー비판성향은 대체요인으로 작용하는 것을 볼 수 있다.

<그림 6> 지적자극과 정통성 지각 간의 관계에 대한
독립ー비판성향의 상호작용효과

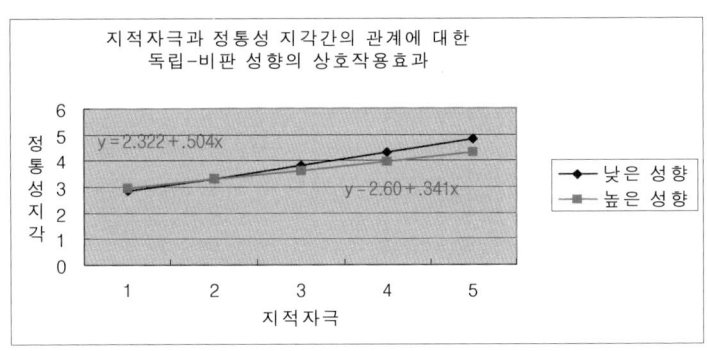

　가설 H5a의 검증에서 <표 23>의 모형(2)에 있는 독립변수인 자기희생과 결과변수인 조직시민행동에 대한 독립ー비판성향의 상호작용의 결과를 살펴보면 먼저 인구통계관련 통제변수들 중에서는 면담횟수(b=.058, p<.1)만이 조직시민행동을 증가시키는 것으로 나타나며, 독립ー비판성향의 조절효과는 나타나지 않았다(b=-.035, p=.550).

<표 23> 자기희생과 조직시민행동 간의 관계에 대한 독립−비판성향의 조절효과에 대한 회귀값 추정(n=341)

모 형		(1)			(2)		
종속변수		조직시민행동					
계 수		b	표준화 계수(B)	t	b	표준화 계수(B)	t
상수		1.734*		2.417	1.405		1.575
인구통계	남자	.067	.049	1.100	.065	.048	1.061
	연령	.000	.010	.168	.000	.010	.169
	학력	.015	.061	1.292	.015	.061	1.292
	신앙기간	.013	.066	1.514	.013	.065	1.483
	면담횟수	.057+	.093	1.870	.058+	.094	1.894
	소득	.018	.018	.392	.018	.018	.394
	장로교파	.018	.013	.296	.018	.013	.305
	성도수	.001	.003	.048	-.000	-.002	-.046
	일반성도	-.05	-.040	-.678	.054	.039	.663
독 립	카리스마(CH)	.157**	.177	2.669	.161**	.181	2.714
	개별배려(IC)	.050	.069	1.099	.050	.068	1.080
	지적자극(IS)	-.039	-.048	-.745	-.039	-.049	-.753
	자기희생(SS)	.025	.026	.447	.116	.118	.740
	상황보상(CR)	.226***	.232	4.594	.225***	.231	4.566
조 절	독립−비판 성향(ICT)	-.268***	-.301	-5.424	-.141	-.158	-.671
상호작용	ICT*SS				-.035	-.136	-.621
F값		16.529***			15.490***		
Adjusted R2		.407			.405		

주1: +p<.1, ** p<.05, *** p<.01, **** p<.001: 양측검정
주2: 모형 (1)(2)의 종속변수는 조직시민행동임.

이러한 결과는 목회자가 자기희생 행위를 할 경우 독립−비판성향이 높은 성도와 낮은 성도(의존−순종형)의 조직시민행동에는 유의적인 차이가 없음을 의미하는 것이다. 모형 (1)에서의 독립변수들의 상대적인 영향력의 크기를 살펴보기 위해 표준화 계

수를 살펴보면 카리스마(B=.177, p<.01)와 상황보상(B=.232, p<.000)은 다른 변수들을 통제하고도 조직시민행동을 증가시키는 핵심요소이며 목회자의 자기희생은 성도의 조직시민행동을 증가시키지 않는 것으로 나타나고 있다

<표 24> 자기희생과 정통성 지각 간의 관계에 대한 독립-비판성향의 조절효과에 대한 회귀값 추정(n=341)

모 형		(1)			(2)		
종속변수		정통성 지각					
계 수		b	표준화 계수(B)	t	b	표준화 계수(B)	t
상 수		1.171+		1.732	1.761*		2.097
인구통계	남자	.048	.031	.831	.052	.033	.899
	연령	-.001	-.018	-.369	-.001	-.018	-.372
	학력	.007	.025	.654	.007	.025	.654
	신앙기간	-.001	-.005	-.126	-.000	-.003	-.071
	면담횟수	.039	.055	1.341	.037	.053	1.287
	소득	.007	.006	.161	.006	.006	.156
	장로교파	-.028	-.017	-.492	-.029	-.018	-.511
	성도수	.041*	.092	2.071	.045*	.100	2.226
	일반성도	-.105	-.067	-1.378	-.107	-.069	-1.407
독 립	카리스마(CH)	.290***	.287	5.221	.283***	.281	5.081
	개별배려(IC)	-.008	-.010	-.187	-.006	-.008	-.153
	지적자극(IS)	.118*	.128	2.391	.119*	.128	2.408
	자기희생(SS)	.319***	.286	6.024	.156	.140	1.060
	상황보상(CR)	.032	.029	.691	.033	.031	.731
조 절	독립-비판 성향(ICT)	-.183***	-.181	-3.936	-.411*	-.405	-2.076
상호작용	ICT*SS				.063	.214	1.183
F값		34.142***			32.135***		
Adjusted R2		.594			.594		

주1: +p<.1, * p<.05, ** p<.01, *** p<.001: 양측검정
주2: 모형 (1)(2)의 종속변수는 정통성 지각임.

가설 H5b의 검증에서 <표 24>의 모형(2)에 있는 독립변수인 자기희생과 결과변수인 정통성 지각에 대한 독립-비판성향의 상호작용의 결과를 살펴보면 먼저 인구통계관련 통제변수들 중에서는 성도수(b=.045, p<.05)만이 정통성 지각을 증가시키는 것으로 나타나며, 독립-비판성향의 조절효과는 나타나지 않았다(b=.062, p=.245). 이러한 결과는 목회자가 자기희생 행위를 할 경우 독립-비판성향이 높은 성도와 낮은 성도(의존-순종형)는 목회자에 대한 정통성 지각에 유의적인 차이가 없음을 의미하는 것이다. 모형 (1)에서의 독립변수들의 상대적인 영향력의 크기를 살펴보기 위해 표준화 계수를 살펴보면 카리스마(B=.287, p<.001), 자기희생(B=.286, p<.001), 지적자극(B=.128, p<.05), 등은 다른 변수들을 통제하고도 정통성을 증진시키는 것으로 나타나고 있다. 목회자의 자기희생행위와 성도의 반응에 있어서 독립-비판성향의 조절효과에 대한 연구가설이 모두 기각된 것은 목회자의 자기이익을 희생하는 일련의 행위들은 성도들의 독립-비판성향의 수준에 의해 영향을 받지 않는 것을 의미한다. 이는 기독교 리더(목회자)의 역할모델(role model)인 예수의 희생행위가 기독교의 가장 기본 핵심이기 때문에 목회자의 희생행위는 기독교 종교조직의 성도들로 하여금 정통성을 지각하는데 유의적인 영향을 미치는 것이라고 이해할 수 있다. 그러나 목회자가 자기희생적 리더십행위를 발휘할 경우 독립-비판성향이 높은 성도와 낮은 성도 간에는 목회자에 대하여 정통성을 지각하는 정도에 큰 차이가 없는 것으로 해석할 수 있다.

가설 H6a의 검증에서 <표 25>의 모형(2)에 있는 독립변수인 상황보상과 결과변수인 조직시민행동에 대한 독립-비판성향의 상호작용을 결과를 살펴보면 먼저 인구통계관련 통제변수들 중에서는 면담횟수(b=.057, p<.1)만이 조직시민행동을 증가시키는 것으로 나타나며, 독립-비판성향의 조절효과는 나타나지 않았다(b= -.034, p=.573). 이러한 결과는 목회자가 상황보상 행위는 성도의 조직시민행동을 증가시키지만 성도의 독립-비판성향의 높고 낮음에 따른 유의적인 차이는 없는 것으로 이해할 수 있다.

모형 (1)에서의 독립변수들의 상대적인 영향력의 크기를 살펴보기 위해 표준화 계수를 살펴보면 카리스마(B=.177, p<.01)와 상황보상(B=.232, p<.001)은 다른 변수들을 통제하고도 조직시민행동을 증가시키는 핵심요소인 것으로 나타나고 있다.

<표 25> 상황보상과 조직시민행동 간의 관계에 대한 독립−비판성향의 조절효과에 대한 회귀값 추정(n=341)

모 형		(1)			(2)		
종속변수		조직시민행동					
계 수		b	표준화 계수(B)	t	b	표준화 계수(B)	t
상 수		1.734*		2.417	1.403		1.605
인구통계	남자	.067	.049	1.100	.066	.048	1.072
	연령	.000	.010	.168	.000	.009	.162
	학력	.015	.061	1.292	.015	.061	1.290
	신앙기간	.013	.066	1.514	.013	.065	1.482
	면담횟수	.057+	.093	1.870	.057+	.093	1.868
	소득	.018	.018	.392	.019	.019	.415
	장로교파	.018	.013	.296	.017	.013	.293
	성도수	.001	.003	.048	.000	.000	.002
	일반성도	-.05	-.040	-.678	-.057	-.042	-.701
독 립	카리스마(CH)	.157**	.177	2.669	.155**	.175	2.623
	개별배려(IC)	.050	.069	1.099	.047	.064	1.016
	지적자극(IS)	-.039	-.048	-.745	-.038	-.047	-.729
	자기희생(SS)	.025	.026	.447	.028	.029	.501
	상황보상(CR)	.226****	.232	4.594	.315*	.324	2.196
조 절	독립−비판 성향(ICT)	-.268***	-.301	-5.424	-.145	-.163	-.756
상호작용	ICT*CR				-.034	-.142	-.662
F값		16.529***			15.496***		
Adjusted R2		.407			.406		

주1: +p<.1, ** p<.05, *** p<.01, **** p<.001: 양측검정
주2: 모형 (1)(2)의 종속변수는 조직시민행동임.

가설 H6b의 검증에서 <표 26>의 모형(2)에 있는 독립변수인 상황보상과 결과변수인 정통성 지각에 대한 독립−비판성향의 상호작용을 결과를 살펴보면 독립−비판성향이 높을수록 정통성 지각이 낮아지는 것으로 나타났다(b=-.161, p<.001). 독립−비판

성향과 상황보상의 상호작용이 부(-)의 방향으로 유의하다는 것은 독립-비판성향이 낮아질수록 목회자의 상황보상 행위가 성도의 정통성 지각에 대한 영향력이 강해진다는 것을 의미한다. 즉, 목회자의 상황보상 행위에 대하여 독립-비판성향이 높은 성도들(독립-비판형)보다 낮은 성도들(의존-순종형)이 정통성을 더 많이 지각하는 것으로 이해할 수 있다.

<그림 7>은 가설 H6b의 상황보상과 정통성 지각 간의 관계에 대한 독립-비판성향의 조절효과를 회귀값을 통해 비교한 것으로서 독립-비판형(b=.029,   p=.000)보다   의존-순종형(b=.384,   p=.000)의 회귀값이 매우 유의하게 더 크다는 것을 알 수 있다. 이것은 5점 척도를 기준으로 목회자가 상황보상 행위를 한 단위 증가하면 의존-순종형 성도는 정통성을.384정도 증가하여 지각할 수 있으나, 독립-비판형 성도는 의존-순종형보다 적은.029정도 증가하여 지각하는 것으로 이해할 수 있다.

이러한 결과는 본 연구자가 높은 독립-비판성향이 리더십 효과에 중화요인으로 작용할 것이라고 기대한 것과는 다소 차이가 있다. <그림 6>을 보면 목회자가 상황보상 행위를 많이 할 경우(예, 상황보상 5점)에는 높은 독립-비판성향의 성도가 정통성을 더 적게 지각하므로 이때의 독립-비판성향은 중화요인으로 작용하지만, 목회자가 상황보상 행위를 적게 할 경우(예, 상황보상 1점)에는 높은 독립-비판성향의 성도가 정통성을 더 많이 지각하므로 이때의 독립-비판성향은 대체요인으로 작용하는 것을 볼 수 있다.

<표 26> 상황보상과 정통성 지각 간의 관계에 대한 독립－비판성향의 조절효과에 대한 회귀값 추정(n＝341)

모 형		(1)			(2)		
종속변수		정통성 지각					
계 수		b	표준화 계수(B)	t	b	표준화 계수(B)	t
상 수		1.171+		1.732	-.376		-.464
인구통계	남자	.048	.031	.831	.040	.026	.711
	연령	-.001	-.018	-.369	-.001	-.019	-.400
	학력	.007	.025	.654	.007	.025	.660
	신앙기간	-.001	-.005	-.126	-.002	-.010	-.278
	면담횟수	.039	.055	1.341	.038	.055	1.361
	소득	.007	.006	.161	.012	.011	.285
	장로교파	-.028	-.017	-.492	-.029	-.018	-.516
	성도수	.041*	.092	2.071	.037+	.082	1.870
	일반성도	-.105	-.067	-1.378	-.114	-.073	-1.517
독 립	카리스마(CH)	.290***	.287	5.221	.279***	.277	5.099
	개별배려(IC)	-.008	-.010	-.187	-.025	-.029	-.567
	지적자극(IS)	.118*	.128	2.391	.122*	.132	2.507
	자기희생(SS)	.319***	.286	6.024	.334***	.299	6.379
	상황보상(CR)	.032	.029	.691	.450***	.406	3.382
조 절	독립－비판 성향(ICT)	-.183***	-.181	-3.936	.392*	.386	2.201
상호작용	ICT*CR				-.158***	-.584	-3.343
F값		34.142***			33.709***		
Adjusted R2		.594			.606		

주1: +p<.1, * p<.05, ** p<.01, *** p<.001: 양측검정
주2: 모형 (1)(2)의 종속변수는 정통성 지각임.

<그림 7> 상황보상과 정통성 지각 간의 관계에 대한
독립-비판성향의 상호작용효과

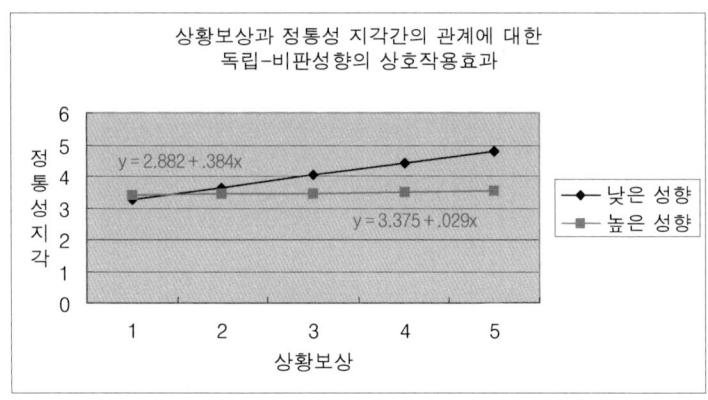

제6장 결론 및 함의

　지금까지 이론적 근거를 토대로 연구모형을 정립하고 가설을 도출한 다음, 실증분석을 수행하여 가설을 검정하였다. 이 장에서는 가설검정결과를 요약하여 본 연구를 통해 새롭게 알게 된 사실이나 이론적, 실무적 시사점을 밝힌 다음, 본 연구가 가지는 한계점과 향후 이루어져야 할 연구에 대한 본 연구자의 견해를 밝히고자 한다.

제1절 연구결과의 요약과 시사점

　본 연구에서는 목회자의 리더십행위와 성도들의 반응과의 직접적인 관계뿐만 아니라 목회자 리더십과 조직시민행동, 정통성 지각 간의 관계가 성도의 개인특징인 독립−비판성향에 따라 어떻게 달라지는 가에 초점을 맞추어 개인적 특징에 따른 목회자의 목회활동과 교회성장에 대한 시사점을 제공하고자 하였다.
　<표 27>의 결과를 보면 목회자의 리더십행위(카리스마, 개별배려, 지적자극, 자기희생, 상황보상)중 카리스마, 개별배려, 상황보상이 성도의 조직시민행동을 증가시키는 것을 발견하였다. 특히 목회자의 카리스마와 상황보상 행위는 성도로 하여금 조직시민행동을 증가시키는 데 큰 효과가 있는 것으로 나타났다.
　성도의 정통성 지각은 목회자의 리더십행위 중 카리스마와 지

적자극, 그리고 자기희생에 의해 증가되며 개별배려와 상황보상 행위는 정통성 지각을 증가시키지 못함을 발견하였다. 또한 목회 자의 자기희생행위는 카리스마, 지적자극과 더불어 성도의 정통성 지각을 증가시키는 데 큰 역할을 하는 것으로 나타났다.

이와 같은 연구결과를 통하여 본 연구자는 거래적 리더십인 상황보 상행위가 변혁적 리더십과 비교하여 열등한 리더십만은 아니며 (Bass, 1985) 변혁적 행위와 결합할 경우 충분히 시너지(synergy) 효 과를 얻을 수 있는 리더십행위이지만 리더에 대한 정통성 지각에는 영향력이 없는 것을 확인할 수 있었다. 또한 변혁적 리더십행위와 상황보상행위가 양립할 수 있다는 기존의 연구결과(Nadler & Tushman, 1990)를 재확인할 수 있었으며 변혁적 리더십이 거래적 리더십행위를 대체하는 것이 아니라 리더십을 완벽하게 이해할 수 있도록 도와주는 과정(Saal & Knight, 1995)이라는 기존의 주장을 증명할 수 있었다. 뿐만 아니라 상황보상에 대한 본 연구결과는 기 존의 종교조직의 리더십 연구들인 Bray(1991), 고찬근(1997), 이영희 (2000)의 연구결과와 일치하게 나타남으로써 한국교회의 목회자들 은 변혁적 리더십과 거래적 리더십행위를 동시에 발휘하며 성도들 은 목회자의 변혁적 리더십행위뿐만 아니라 거래적 리더십행위(상 황보상)에도 큰 영향을 받는 것을 확인하였다.

<표 27> 리더십행위와 성도의 반응간의 결과(n=341)

리더십행위	조직시민행동(H1a)	정통성(H1b)
카리스마	(O)	(O)
개별배려	(X)	(X)
지적자극	(X)	(O)
자기희생	(X)	(O)
상황보상	(O)	(X)

주: O는 유의한 결과, X는 유의하지 않은 결과를 의미함.

본 연구에서는 목회자 리더십행위들의 상대적인 영향력의 크기를 비교해 보면 일반기업조직의 추종자를 대상으로 한 여러 연구결과 (Podsakoff, Mackenzie, Mooreman, & Fetter, 1990; Koh, Steers, & Terborg, 1995; 박성찬, 1997; 정기수, 1998; Bryman, 1992; 구갑문, 1998)와 카톨릭 성직자와 추종자를 대상으로 한 연구(최동진, 1998) 는 달리 본 연구에서는 목회자의 상황보상행위가 우리나라 기독교 교회의 성도들의 조직시민행동을 증가시키는 데 큰 영향을 주는 것 으로 나타났다. 본 연구의 이와 같은 결과는 Bray(1991), 고찬근 (1997), 이형희(2000) 등의 연구결과와도 일치하는 것으로써 리더십 특성이론과 행동이론에 근거하여 볼 때 목회자는 절대적인 신이 부 여하신 카리스마(특성이론)행위와 성도들을 상황에 맞게 보상하고 관리하는 역할을 하는 상황보상(리더십 행동이론)행위 모두를 균형 있게 갖춰서 목회활동에 증진하는 것이 바람직할 것으로 생각된다. 그러나 어떤 목회자가 변혁적 리더십행위가 부족하다면, 전략적 측 면에서 거래적 리더십의 발휘를 통해 성도들의 조직시민행동을 증가 시킬 수도 있으며 목회자의 약한 변혁적 리더십을 보완할 수도 있음을 시사해 준다.

본 연구에서 발견한 특이한 사실로서 Choi(1995; 최 연, 1998; Choi & May-Dalton, 1998)의 학생 및 영리기업조직의 리더와 추종자들을 대상으로 한 리더의 자기희생행위에 대한 연구결과와는 달리 교회조직의 목회자의 자기희생행위는 성도들로 하여금 조직시민행동에 유의적인 영향을 주지 않는 것으로 나타난 것이다.

본 연구의 이러한 결과는 일반적인 영리기업조직을 대상으로 연구한 변혁적 리더십 이론에서는 거래적 리더십보다 변혁적 리더십이 효과적인 것으로 주장하고 있지만(예, 최동진, 1998) 종교조직에서는 거래적 리더십도 추종자들의 행동에 영향을 미치며, 변혁적 리더십은 추종자들의 조직시민행동에 영향을 미치는 과정에서 거래적 리더십의 영향을 받을 수 있음을 확인해 주는 것이다(cf. 백정하, 1998)와도 일치하는 것이다.

또한 목회자에 대한 성도들의 정통성 지각은 목회자의 거래적 리더십행위(상황보상)보다는 자기희생행위, 카리스마행위, 지적자극 행위에 의해 더욱 증가된다는 연구결과는 국내 교회의 목회자들이 카리스마, 지적자극, 자기희생행위를 하면 교회 성도들은 이러한 목회자들에 대하여 정통성이 더 많이 있다고 지각하는 것으로 이해할 수 있다.

위의 가설검정 결과를 종합하면 목회자가 성도들의 조직시민행동을 증가시키기 위해서는 개별배려, 지적자극, 자기희생행위보다는 카리스마와 상황보상 행위가 오히려 효과적이며 성도들로 하여금 목회자에 대하여 정통성을 지각하도록 하는 데에는 목회자의 개별배려와 상황보상 행위보다는 카리스마, 지적자극, 자기희생 행위가 더욱 긍정적인 효과를 발휘할 것으로 생각된다.

이와 같이 문헌연구 조사와 실증연구를 바탕으로 교회조직의 새로운 목회자리더십모델에 자기희생행위를 포함한 본 연구결과를 통하여 자기희생을 실천하는 목회자의 리더십행위가 다른 리더십행위(카리스마, 지적자극)와 더불어 성도들에게 정통성을 더 많이 인정받을 수 있음을 알 수 있었다. 그리고 자기희생을 포함한 목회자리더십모델은 기독교 특유의 신앙, 한국 기독교 조직문화의 특징, 목회자라는 직업적인 상황, 그리고 대다수의 구성원인 성도의 특징에 적합한 새로운 차원의 21세기 목회자리더십모델로서 적합할 것으로 생각된다.

독립–비판성향의 조절효과에 대한 가설 H2부터 H6의 검정결과는 <표 28>과 같다. 교회조직에서의 독립–비판성향이 높은 성도들은 낮은 성도들에 비해 목회자의 카리스마와 지적자극 행위에 대하여 조직시민행동을 덜 하며, 목회자의 카리스마, 개별배려, 지적자극, 상황보상 행위에 대해서는 정통성을 덜 지각하는 것으로 나타났다. 반대로 교회에서 독립–비판성향이 낮은 성도들은 높은 성도에 비해서 목회자의 카리스마, 지적자극 행위에 더 많은 영향을 받아서 주위의 교회성도들을 돕고 교회의 발전을 위해서 자신의 수고를 아끼지 않는 조직시민행동을 더 많이 하며 목회자의 카리스마, 개별배려, 지적자극, 상황보상 행위에 대해서는 목회자에게 정통성을 더 많이 부여한다는 것을 알 수 있었다.

전체적으로는 인구통계관련 변수들 중에서 조직시민행동에 영향을 주는 요인은 면담횟수이며 정통성 지각에는 성도수가 영향을 주는 것으로 나타났다. 이는 목회자가 성도들을 자주 면담할수록 성도들은 주위의 성도들을 도와주고 교회를 위해 봉사하려는 조직시민행동을 더 많이 하는 것으로 해석된다. 성도수와 정통성 지각지의 관계는 소형교회의 성도들보다 대형교회의 성도들일수록 목회자에 대하여 정통성을 더 많이 지각하는 것으로 나타났다. 이러한 결과로 대형교회의 목회자들이 성도들로부터 정통성을 더 많이 인정받으며 반대로 성도들로부터 정통성을 많이 인정받는 목회자일수록 교회의 규모(성도수)도 긍정적인 방향으로 성장시킬 수 있음을 예상해 볼 수 있다.

<표 28> 조직시민행동과 정통성 지각에 대한 독립변수와 조절변수의 상호작용 결과

독립변수	조절변수	결과변수 및 가설			
		조직시민행동		정통성	
카리스마	독립-비판성향	H2a	(O)	H2b	(O)
개별배려		H3a	(X)	H3b	(O)
지적자극		H4a	(O)	H4b	(O)
자기희생		H5a	(X)	H5b	(X)
상황보상		H6a	(X)	H6b	(O)

주: O는 유의한 상호작용 결과, X는 유의하지 않은 상호작용 결과를 의미함.

본 연구결과를 보면 순종성향이 높은 성도들은 비판성향이 높은 성도들보다 목회자의 카리스마와 지적자극 행위에 따라 조직시민행동을 더 많이 하여 성도들 간의 친목과 유대감, 교회 내 여러 가지 다양한 활동에 대한 몰입과 헌신, 그리고 궁극적으로는 교회의 내적, 외적성장 또한 유발할 수도 있음을 기대할 수 있다. 또한 교회조직의 비판성향이 낮은 순종형 성도들은 목회자가 카리스마, 개별배려, 지적자극, 상황보상 행위를 할 경우에 비판성향이 높은 성도들보다 목회자에 대하여 정통성을 더 많이 지각하는 것을 기대할 수 있다. 리더의 자기희생 행위에 대해서는 비판 성향의 성도들과 순종성향 성도들 간의 차이가 없는 것으로 나타나서 향후에 목회자의 자기희생 행위에 대한 추가적인 반복연구로 확인할 수 있을 것이다.

결론적으로 목회자들은 효과적인 21세기형 목회자리더십을 발휘하기가 용이하지는 않지만 올바른 신앙생활을 지도하며 성도들을 내부에서부터 변화시키는 변혁적 리더십과 예수의 희생이 바탕이 된 자기희생적 리더십의 자질 등을 갖추도록 노력하면서 거래적 리더십도 병용할 필요가 있다는 것을 이해해야 한다. 왜냐하면 종래의 관리자적인 리더십인 거래적 리더십만으로는 변화하는 21세기 목회활동에 있어서 교회의 질적, 양적인 성장과 성도들의 신앙적인 성숙을 지도할 수 없기 때문이다. 그러므로 목회자는 영적 리더십뿐만 아니라 목회활동에 효과적인 리더십 개발을 위해 좋은 리더십 개발 프로그램을 도입하여 교육을 받거나 이에 대한 관심을 높이고 적극적으로 개인의 시간과 노력을 투입하여야 할 것이다.

또한 추종자 특징인 독립-비판성향은 목회자의 리더십 유효성에 미치는 영향이 크므로 목회자들은 이 요소들을 정확히 파악하여 성도의 특징에 따라 적절한 상담과 지도를 통하여 긍정적 방향으로 성도들을 보살피며 이끌어 나가야 할 것이다.

제2절 본 연구의 공헌점, 한계점 및 제언

본 연구는 지금까지 수행되어 왔던 리더십 연구들의 대상인 영리조직이 아니라 비영리조직인 교회의 목회자와 성도들을 연구대상으로 한 연구이며 Choi(1995)의 자기희생적 리더십 이론을 비영리조직에서 연구한 최초의 연구이다. 또한 리더에게 편중되었던 연구에서 벗어나 리더와 추종자 모두에 대한 연구이며 기존의 목회자리더십연구에서 다루지 않았던 목회자의 리더십행위와 성도의 반응과의 관계에 있어서 추종자 특징(독립-비판성향)의 조절효과를 연구함으로써 향후 연구에 대한 새로운 과제를 제시하고 있다.

실무적으로는 본 연구의 실증적 결과를 토대로 급변하는 목회환경을 맞이한 21세기의 목회자들에게 교회성장과도 직결되는 성도관리(지도)에 대한 지침이 될 수 있을 것으로 생각된다.

이러한 몇 가지의 공헌점이 있지만, 본 연구의 한계점으로는 첫째, 신앙공동체인 기독교 조직의 목회자들을 대상으로 한 연구이지만 목회자에게 매우 중요한 행위인 영적 리더십(spiritual leadership) 행위가 본 연구모델에는 포함되지 않은 점이다. 세속적인(secular) 리더십행위만으로 목회자들의 리더십을 연구한다는 것은 매우 위험하고 무모한 연구가 될 수도 있다. 그러나 본 연구자는 목회자에게 영적 리더십은 목회자들이 기본적으로 갖추고 있는 자질이라고 믿었으며 영적 리더십에 대해서는 이미 신학분야에서 연구들이 많이 수행되어 목회자의 영적 리더십의 중요성이 강조되어왔기 때문에 본 연구대상으로 채택하지 않았다. 또한 본 연구가 시간과 노력이 제한적인 조사방법으로써 추종자만을 대상으로 실시한 정량적인(quantitative) 설문조사방법을 사용하였기 때문에 목회자의 영적 리더십에 대한 성도들의 설문응답결과만을 가지고 목회자의 영적 리더십을 연구하는 것은 불가능하다고 판단하였기 때문이다.

둘째, 설문대상이 특정 기독교 교파에 치우친 점과 목회자의 리더십에 대한 본 연구 설문지에 대하여 전문가로부터 자세한 설명을 듣지 못한 응답자들이 이해하기 어려운 문항은 응답을 하지 않는 경우가 많았다. 또한 담임목회자에 대한 설문지이기 때문에 성도들이 응답할 때 대부분 '그렇다,' 혹은 '매우 그렇다'로 표기하는 관대화 경향(leniency effect)의 결과가 많아서 대량의 자료들을 사용할 수 없었던 점이다. 이로 인하여 본 연구의 조절효과를 밝히는 과정에서 자료의 손실을 방지하기 위해 하위그룹분석방법을 택하지 않았음에도 불구하고 자료의 손실이 불가피하게 된 점이다.

셋째, 본 연구의 지지되지 않은 가설에 사용한 변수들의 측정에 사용한 research context의 문제(예를 들어 Kelley(1994)의 독립-비판성향 측정항목이 교회조직에 맞지 않는 용어로 측정)와 MLQ(Bass, 1985)의 근본적인 문제점, 그리고 교회조직의 문화와 추종자 특징을 심도 있게 고려하지 않은 연구자의 가설설정 등의 문제를 명확히 밝히지 못한 점이다. 향후 교회조직의 리더십 연구를 수행할 때 추종자의 특징으로서 영적 성숙도 척도(Spiritual Maturity Scale)를 사용하여(Oberholster, Taylor, Wesley, & Cruise, 2000) 성도들의 영적 성숙도의 차이에 따른 리더십 효과를 연구하는 것도 가능하리라 본다.

다섯째, 설문이 추종자인 성도들에게만 이루어져 담임목회자가 스스로 평가한 리더십 자기 평가결과와 함께 비교 분석하여 이해할 수 없었다는 점이다. 마지막으로 본 연구의 자료수집절차가 횡단적 자료를 수집하여 사용하였기 때문에 정량적 연구(quantitative research)에 치우쳤다는 점이다. 따라서 향후에는 실증분석 뿐만 아니라 인터뷰와 같은 정성적 방법을 통해 본 연구의 단점을 보완하여야 할 것이다.

참 고 문 헌

강록춘 (2001), 「리더십 유형이 리더십 유효성에 미치는 영향에 관한 연구: 농협리더를 중심으로」. 석사학위논문, 중앙대학교.

고찬근 (1997), ″가톨릭 성직자들의 변혁적, 거래적 리더십에 관한 연구,″ 한국인간관계학보 2(1).

구갑문 (1998), 「변혁적 리더십이 구성원의 직무만족과 조직시민행동에 미치는 영향에 관한 연구-육군조직을 중심으로」. 박사학위논문, 상지대학교.

김덕상 (2002), 「변혁적 및 거래적 리더십이 조직시민행동에 미치는 영향」. 석사학위논문, 연세대학교.

김병원 (1989), 「목사학」. 서울, 유니온학술자료원.

김상복 (1997), 「목회자의 리더십」. 서울, 도서출판 엠마오, 1997.

김용동 (2002), 「리더십이 조직시민행동과 직무만족에 미치는 영향 – 조직구성원 특성의 조절효과를 중심으로」. 석사학위논문, 성균관대학교 경영대학원.

김용세 (1995), 「Followership 유형과 변혁적 리더십 간의 관계 연구」. 석사학위논문, 국민대학교.

김유민 (1999), 「A Study of Relation Between Minister Leadership and Counseling」. 박사학위논문, Far-Eastern State Technical University.

김지은 (1996), 「조직구성원의 Followership 수준이 리더십의 효과에 미치는 영향」. 석사학위논문, 한양대학교.

문대성 (2002), 「상업 스포츠 센터 관리자의 변혁적, 거래적 리더 십과 조직시민행동의 관계」. 박사학위논문, 경기대학교 대 학원.

문주일 (1992), 「A Study of Biblical Church Leadership Training 」. 박사학위논문, International College & Graduate School of Theology.

박경수 (2001), 「학교장의 변혁적 리더십과 교사의 팔로워십, 임파 워먼트 와의 관계 연구」. 석사학위논문, 한양대학교.

박근원 (1988), 「교회와 선교」. 종로서적.

박봉수 (1994), 「조직구성원의 Followership이 변혁적 리더십과 거 래적 리더십의 효과에 미치는 영향」. 석사학위논문, 한양 대학교.

박성찬 (1997), 「변혁적 리더십이 부하의 친조직행동에 미치는 영 향에 관한 연구」. 석사학위논문, 고려대학교.

백기복 (1997), 「조직행동연구」. 법문사, 1997, 서울.

_____ (2000), 「이슈 리더십」. 창민사.

백정하 (1998), 「대학 총장의 변혁적, 거래성 지도성이 조직시민행 동에 미치는 영향」. 박사학위논문, 한양대학교.

송에리 (2000), 「기업내 봉사팀 리더의 리더십 유형과 직원 봉사 자들의 성숙도 및 봉사활동 만족도에 관한 연구」. 석사학 위논문, 가톨릭대학교.

오점록 (1998), 「리더십, 팔로워십의 특성과 자기 임파워먼트가 군 조직 유효성에 미치는 영향」. 박사학위논문, 경희대학교 대학원.

유승동 (1998), "변혁적 리더십이 구성원의 임파워먼트와 창의성에 미치는 영향 관계: 창의적 품질을 위한 제품/서비스 조직의 새로운 리더십 패러다임 탐색", 품질경영학회.

유영민 (2000),「리더십 유형과 조직전념도와의 관계에 관한 연구」. 석사학위논문, 서강대학교.

윤석호 (1994),「교회성장에서의 목회자 지도력」. 석사학위논문, 침례신학대학교 신학대학원, 1994.

윤정구, 임준철 (1998), "공정성이 조직효과성에 미치는 영향력에 관한 연구: 사기업과 공기업의 사례를 중심으로," 한국 행정학보, 32(3): 55-72.

은준관 (1988),「기독교 교육 현장론」. 서울: 대한기독교교육협회, 243.

이국진 (2000),「한-영 해설성경(Korean-English Explanation Bible)」. 아가페.

이영희 (2000),「기독교 성직자의 리더십에 관한 연구 – 변혁적/거래적 리더십이론을 중심으로」. 석사학위논문, 경희대학교.

이재호 (2001),「Leadership과 Followership이 교사의 직무만족에 미치는 영향 연구」. 석사학위논문, 경희대학교.

이철희 (2000),「목회자의 리더십에 관한 연구」. 석사학위논문, 중앙대학교.

이학식 (2001),「마케팅 조사」. 법문사, 2001.

이학식 (1997), "선물선택행동에 관한 수정 BI모델과 조정변수들의 효과," 소비자학 연구, 8(2).

이학식 (1998), "태도-행동 관계에 대한 조정변수들의 역할 – 대선 투표 행동의 체계에서," 소비자학 연구, 9(2).

이학식, 김영 (2001),「SPSS 10.0 매뉴얼 – 통계분석방법 및 해설」. 법문사, 2001.

임창희 (2001).「조직행동, 2판」. 학현사, 서울

장성환 (1998), 「목회자의 리더십 개발을 위한 연구-조직문화의 의미관리자로서의 리더십을 중심으로」. 석사학위논문, 서울신학대학교.

전계양 (1997), 「21C 한국교회의 이상적인 목회 지도력」. 석사학위논문, 목원대학교 신학대학원.

전영숙 (1999), 「학교장의 변혁적 지도성과 교사의 추종성과의 관계 분석」. 석사학위논문, 인하대학교.

정기수 (1998), 「변혁적 리더십과 부하의 혁신의식이 조직시민행동에 미치는 영향」. 박사학위논문, 한양대학교

정현우 (2001), 「변혁적 리더십이 부하의 조직시민행동에 미치는 영향에 관한 실증 연구」. 석사학위논문, 부산대학교.

조용기 (2003), "교회성장에 있어서 리더십의 역할," 기조연설, 영산 국제교회성장 컨퍼런스, 교회성장연구소.

조준래 (1996), 「제직훈련을 통한 교회활성화 방안」. 박사학위논문, McCormick Theological Seminary.

주용준 (2000), 「개인특성이 조직시민행동에 미치는 영향에 관한 연구」. 석사학위논문. 전남대학교.

홍영기 (2003), "사회적 리더십과 교회성장," 영산 국제 교회성장 컨퍼런스, 교회성장연구소.

최동진 (1998), 「리더십 유형이 조직구성원의 직무태도에 미치는 영향 - 가톨릭교회 조직을 중심으로」. 석사학위논문. 서강대학교.

최연 (2001), "자기희생적 리더십: 연구현황과 과제," 한국인사관리연구, 한국인사관리학회 24(2).

Oden, T. C. (1991), 「Pastoral Theology(목회신학), 이기춘 역」. 서울, 한국 신학연구소, 98-99.

Allen, D.B. (1991), Church Leadership: The next generation. A model for promoting servant leadership for the 90's and beyond, doctorate thesis, Fuller Theological Seminary, Doctor of Ministry program.

Allen, G.R. (2003), "The Minister As a Lifelong Follower-Leader," Journal for Pentecostal Ministry.

Antonakis, J., Avolio, B. J., & Sivasubramaniam, N. (2003), "Context and leadership: an examination of the nine-factor full-range leadership theory using the Multifactor Leadership Questionnaire", Leadership Quarterly, 14, 261-295.

Atwater, L., & Yammarino, F. J. (1989), "Transformational leadership among midshipmen leaders at the United States Naval Academy," Technical report #ONR-TR6, Office of Naval Research.

Avolio, B. J. & Bass, B. M. (1988), Transformational leadership, charisma and beyond, Lexington, MA: Heath.

Avolio, B. J. & Edwin, E. L. (2002), "Contrasting different philosophies of leader motivation: Altruism versus egoism," Leadership Quarterly, 13. 169-191.

Avolio, B. J., & Howell, J. M. (1992), "The effects of leadership behavior and leader-follower personality congruence on predicting follower satisfaction and consolidated business unit performance," Center for Creative Leaderships' Second Research Conference on Leadership, Colorado Springs, CO.

Avolio, B. J., Waldman, D. A., & Einstein, W. O. (1998), "Transformational Leadership in a Management Game Simulation", Group & Organization Studies. 13, 59-80.

Awamleh, R. & Gardner, W. L. (1999), "Perceptions of leader charisma and effectiveness: The effects of vision content, delivery, and organizational performance," Leadership Quarterly, 10(3), 345-373.

Bagozzi, R. P., Baumgartner, H., & Yi, Y. (1992), "State versus Action Orientation and the Theory of Reasoned Action: An Application to Coupon Usage," Journal of Consumer Research, 18 (March), 505-518.

Bailey, F. T. Jr. (2002), In search of the right match in church leadership: Pastor/leader and congregational understanding, doctorate thesis, Union Institute and University.

Baldwin, D. M. (2000), In search of the transformational leader in the Christian education ministry of the local church, doctorate thesis, Indiana University.

Bandura, A. (1986). Social foundation of thought and action: a social cognitive theory, Englewood Cliffs, NJ: Prentice-Hall.

Barnard, C. I. (1938), The evolution of cooperation. New York: Basic Books.

Bass, B. M. (1985), Leadership and Performance Beyond Expectations, New York: The Free Press.

_____ (1990a), Bass & Stogdill's Handbook of

Leadership. 3rd ed. New York: The Free Press.

_____ (1990b), "From transactional to Transformational leadership: Learning to Share the Vision", Organizational Dynamics(Winter 1990). 19-36.

_____ (1998), Transformational leadership: industrial, military, and educational impact, Mahwah, NJ: Erlbaum.

Bass, B. M. & Avolio, B. J. (1990), Transformational Leadership Development: Manual or the Multifactor Leadership Questionnaire. Palo Alto. Cal.: Consulting Psychologists Press.

_____ (1994), Improving organizational effectiveness through transformational leadership, Thousand Oaks, CA: Sage.

_____ (1995), Multifactor Leadership Questionnaire. MLQ-5X (Short Form). Binghamton, NY: Center for Leadership Studies.

Bearden, W. O. & Etzel, M. (1982), "Reference Group Influences on Product and Brand Purchase Decisions," Journal of consumer Research, 9 (September), 183-194.

Bennis, W. & Nanus, B.(1985), Leaders: The Strategies for Taking Charge, N. Y. Free Press.

Block, P. (1993), Stewardship, San Francisco: Berrett-Koehler.

Boudon, R. & Bourricaud, F. (1986). Dictionnaire Critique de la Sociologie, 2nd ed., Paris, PUF.

Bray, J. L. (1991), Transformational and transactional church leadership perspectives of pastors and parishioners: An

Extension, doctorate thesis, University of Rhode Island.

Bryman, A. (1992), Charisma and Leadership in Organization. London: Sage.

Brown, A. D. (1996), "Do organizations get the followers they deserve?," Leadership & Organization Development Journal, Vol. 17. 5-11.

Burns, J. M. (1978), Leadership, New York: Harper & Row.

Butler, D. M. & Herman, R. D.(1999), "Effective ministerial leadership," Nonprofit Management and Leadership, San Francisco. 9(3), 229-239.

Buzzell, S. S. (1983), Preparation for church leadership: Trends in students' leadership orientation after one year in Dallas, Doctorate thesis, Michigan State University.

Castro, F. R. (2000), The development of serving leadership: The case of the Church Educational System in Chile and the Philippines, master's thesis, Columbia University Teachers College.

Chaleff, I. (1998), The courageous follower. San Franscisco: Berrett-Koehler.

Chelliah, E. P. (2001), Values of ministerial effectiveness for pastoral leadership in the TRAC Methodist Churches of Singapore, doctorate thesis, Fuller Theological Seminary, School of World Mission.

Chen, C. C. & Velsor, E. V. (1996), "New directions for research and practice in diversity leadership," Leadership Quarterly, 7(2), 285-302.

Chin, P. J. (2001), Toward appropriate leadership patterns for the Korean church in the twenty-first century, doctorate thesis, Fuller Theological Seminary, School of World Mission.

Choi, Y. (1995), A Theory of Self-Sacrificial Leadership, doctorate thesis, University of Kansas.

_____ (1999), ″Leadership Effects of Self-Sacrificial Behaviors of Managers,″ Hongik Business Review, 57-74,

_____ (2001), "How Leader's Gender and Follower's Gender Interact to Influence the Effects of Self-sacrificial Leadership," Hongik Business Review 4, 65-81.

Choi, Y. & Mai-Dalton, R.R. (1998), "On The Leadership Function of Self-Sacrifice," Leadership Quarterly, 9(4), 475-501

_____ (1999), "The Model of Followers' Responses to Self-Sacrifice Leadership: An Empirical Test," Leadership Quarterly, 19(3), 397-421.

Clinton, J. R. (1989), Leadership Emergency Theory: A Self-study Manual for Analyzing the Development of Christian Leader, Banaba Resources.

Cohen, J. & Cohen, P. (1983), Applied Multiple Regression/ Correlation Analysis for the Behavioral Sciences, 2nd ed., Lawrence Erlbaum Assoociates.

Conger, J. A. & Kanungo, R. N. (1987). ″Toward a behavioral theory of charismatic leadership in organizational settings," Academy of Management Review, 12, 637-647.

Conger, J. A. & Hunt, J. G. (1999), "Overview Charismatic and Transformational Leadership: Taking Stock of the Present and future (Part I), "Leadership Quarterly, 10(2), 121-127.

Cronbach, L. J. (1987), "Statistical Tests for Moderator Variables: Flaws in Analysis Recently Proposed," Psychological Bulletin, 102, 414-417.

Dansereau, F., Graen, G., & Haga, W. J. (1975). "A vertical dyad linkage approach to leadership in formal organizations," Organizational Behavior and Human Performance, 13, 46-78.

Deci, E. L. (1975), "Notes on the theory and the metatheory of intrinsic motivation," Organizational Behavior and Human Performance, 15, 113-120.

Druskat, V. U. (1994), "Gender and leadership style: Transformational and transactional leadership in the Roman Catholic Church," Leadership Quarterly. 5(2), 99-119.

Dvir, T. & Shamir, B. (2003), "Follower developmental characteristics as predicting transformational leadership: a longitudinal field study," Leadership Quarterly, 14, 327-344.

Ehrhart, M. G. & Klein K. J. (2001), "Predicting followers' preferences for charismatic leadership: the influence of follower values and personality," Leadership Quarterly, 12, 153-179.

English, L.M. (1999), "Learning from changes in religious leadership: a study of informal and incidental learning at the parish level," International Journal of Lifelong Education, 18, 385-394.

Farnworth, R. (2002), Local church leadership in a changing world, doctorate thesis, Fuller Theological Seminary, Doctor of Ministry Program.

Fiala, W. E., Bjorch, J. P., & Gorsuch R. (2002), "The Religious Support Scale: Construction, Validation, and Cross-Validation," American Journal of Community Psychology. 30(6), 761-786.

Fiedler, F. E. (1964), "A contingency model of leadership effectiveness," Advances in experimental social psychology (149-190), New York: McGraw-Hill.

Freemesser, G. F. & Kaplan, H. B. (1976), "Self-attitudes and deviant behavior: The case of the charismatic religious movement," Journal of Youth and Adolescence, 5, 1-9.

French, J. R. P. & Raven, B. H. (1959), "The bases of social power," In D. Cartwright (Ed.), Studies of social power, pp. 150-167. Ann Arbor, MI: Institute for social Research.

Galanter, M. (1982), "Charismatic religious sects and psychiatry: An overview," American Journal of Psychiatry, 139, 1539-1548.

Gibb, C. A. (1947), "The principles and traits of leadership," Journal of Abnormal and Social Psychology, 42; 267-284.

Goodson, J. R., McGee, G. W., & Cashman, J. F. (1989). "Situational Leadership Theory," Group and Organizations Studies, December 1989, 446-461.

Greenleaf, R. (1977), Servant Leadership: A journey into the nature of legitimate power and greatness, New York: Paulist Press.

Hackman, J. R. & Lawler III, E. E. (1971), "Employee Reactions to Job Characteristics", Journal of Applied Psycholgoy Monograph, 55: 1971, 259-286.

Halpin, A. W., & Winer, B. J. (1957). "A factorial study of the leader behavior description," In R. M. Stogdill & A. E. Coons(Eds.), Leader behavior: Its description and measurement. Columbus: Bureau of Business Research, Ohio State University.

Harrison, D. T. (2000), Transformational leadership and community college effectiveness, doctorate thesis, The Ohio State University.

Harrison, R. (1987), "Harnessing personal energy: How companies can inspire employees," Organizational Dynamics, 4-21.

Heller, T. & Van Til, J. (1983), "Leadership and Followership: Some Summary propositions," Journal of Applied Behavioral Science.

Hersey, P. & Blanchard, K. H. (1971), Management of Organizational Behavior: Utilizing Human Resources, Englewood Cliffs, N. J.: Prentice Hall, Inc.

_____ (1982), Management of Organizational Behavior: Utilizing Human Resources, 4th ed., Englewood Cliffs, N. J.: Prentice Hall, Inc.

Hollander, E. P. (1961), "Some effects of perceived status on responses to innovative behavior," Journal of Abnormal and Social Psychology, 63, 247-250.

_____(1992), "The essential interdependence of leadership and followership," Current Directions in Psychological Science, 1, 71-75.

Homans, G. C. (1961). Social Behavior: Its Elementary Form, New York, Harcourt, Brace.

Hoover, N. J., & Petrovska, L., & Schultz, D. (1991), Transformational leadership and transactional leadership: An empirical test of theory, ERIC document reproduction service, No. ED 331177.

House, R. J. (1971), "A path goal theory of leader effectiveness," Administrative Science Quarterly, 16, 321-338.

_____ (1977). "A 1976 theory of charismatic leadership, In J. G. Hunt and L. L. Larson (Eds.)," Leadership: The cutting edge. Carbondale: Southern Illinois University Press.

House, R. J. & Shamir, B. (1993), The integration of

transformational, charismatic, and visionary theories, Leadership theory and research: perspectives and directions (81-107), San Diego, CA: Academic Press.

Howell, J. M. & Avolio, B. J. (1993), "Transformational Leadership, Transactional Leadership, Locus of Control and Support for Innovation: Key prodictors of consolidated business-unit performance," Journal of Applied Psychology, 78, 891-902.

Howell, J. M., & Hall-Merenda, K. E.(1999), "The ties that bind: the impact of leader-member exchange, transformational and transactional leadership, and distance on predicting follower performance," Journal of Applied Psychology.

Hunt, J. G., Boal, K. B., & Dodge, G. E. (1999), "The effects of visionary and crisis-responsive charisma on followers: An experimental examination of two kinds of charismatic leadership," Leadership Quarterly, 10(3), 423-448.

Jacobs, T. O. (1970). "Leadership and exchange in formal organizations," Human Resources Research Organization, VA: Alexandria.

Karpinski, R. D. (2002), Leadership models for priestly formation in the Roman Catholic church, doctorate thesis, Fordham University.

Katz, D. & Kahn, R. L. (1978), The Social Psychology of Organizational, 2nd ed., New York: Wiley. pp. 402-405.

Keeler, R. T. & Sziliagyi, A. D.(1976), "Employee Reaction to Leader Reward Behavior," Academy of Management Journal. vol.19 (1976), 619-627.

Kelley, R. E. (1994), The power of followership. New York: Doubleday.

_____ (1988), In praise of followers, Harvard Business Review, 66: 142-148

Kerr, S. & Jermier, J. M. (1978), "Substitutes for Leadership: Their meaning and measurement", Organizational Behavior and Human Performance, 22, 375-403.

Kets de Vries, M. F. R. (1988), Unstable at the top: Inside the troubled organization, New York: New American Library.

Klein, K. J. & House, R. J. (1995), "On fire: charismatic leadership and level of analysis," Leadership Quarterly, 6, 193-198.

Koessler, J. M. (1992), "The Dynamics of Small Church Ministry," The Master's Seminary, Vol. 3. No. 1. 175-190.

Koh, W. S., Steers, R. M., & Terborg, J. R. (1995), "The effects of transformational leadership on teacher attitudes and student performance in Singapore," Journal of Organizational Behavior, 16, 319-333.

Kotter, J. P. (1990), A Force for Change: How Leadership Differs from Management, New York: The Free Press.

Kouzes, J. & Posner, B. I. (1987), The Leadership Challenge:

How to get extraordinary things done in organizations, San Francisco, Jossey-Bass.

Kraemer, H. (1958), A Theology of the Laity. Philladelphia: Westminster Press.

Lawler, E. E. III.(1973). Motivation in work organizations, Belmont, CA: Brooks/Cole.

Lewin, K., Lippett, R., & White, R. K. (1939). "Patterns of aggressive behavior in experimentally created social climates," Journal of Social Psychology, 10, 271-299.

Likert, R. (1961). "An emerging theory of organizations, leadership and management," In L.. Petrullo & B. M. Bass (Eds.), Leadership and interpersonal behavior. New York: Holt, Rinehart & Winston.

Lodahl, A. (1982), "Crisis in values and the success of the unification church". Unpublished undergraduate honors thesis, Cornell University.

Lord, R. G., Devader, C. L., & Alliger, G. M. (1986), "A meta-analysis of the relation between personality traits and leadership perceptions: An application of validity generalization procedures," Journal of Applied Psychology, 71: 402-410.

Lowe, K. B. & Kroeck, K. G. (1996), "Effectiveness Correlates of Transformational and Transactional Leadership: A Meta-Analytic Review of the MLQ Literature," Leadership Quarterly, 7(3), 385-425.

Mann, R. D. (1959), "A review of the relationship between

personality and performance in samll groups," Psychological Bullettin, 56: 241-270.

McGraw, B. L. (1989), A theology for women in church leadership: Problems and practical solutions, doctorate thesis, Fuller Theological Seminary, Doctor of Ministry Program.

Merton, R. K. (1957), Social theory and social structure, New York: Free Press.

Meindle, J. R. (1990), "The romance of leadership as follower-centric theory: a social constructionist approach," Leadership Quarterly, 6, 329-341.

Moore, L. I. (1976), The FMI: dimensions of follower maturity. Group and Organization Studies, 1, 203-222.

Mutinda, P. K. (1991), Understanding church leadership: An analysis and assessment of Africa Inland church - Kenya, doctorate thesis, Talbot School of Theology, Biola University.

Nadler, D. A. & Tushman, M. L. (1990), "Beyond the Charismatic leader: Leadership and Organizational change," California Management Review, 32, 77-97.

Oberholster, F. R., Taylor, V., Wesley, J., & Cruise, R.(2000), "Spiritual well-being, faith maturity, and the organizational commitment of faculty in Christian colleges and universities," Journal of Rsearch on Christain Education, Spring 9, Iss., 1-31.

Organ, D. W. (1964), "The Motivational Basis of Organizational

Behavior," Behavioral Science, vol.9, p.132.

Organ, D. W. (1988), Organizational citizenship behavior: The good soldier syndrome, Lexington, MA: Lexington Books.

Osborn, R. N. & Hunt, J. G. (1975), An adaptive-reactive theory of leadership: the role of macro variables in leadership research, In J. G. Hunt, & L. L. Larson (Eds.), Leadership frontiers (27-44). Kent, OH: Kent State University Press.

Paik, G. L. (1971), History of Protestant missions in Korea (1832-1910). Seoul: Yonsei University.

Park, Y. J. (1984), Contemporary missiology and ecclesiastical praxis: An analysis of church growth in Korea, Unpublished doctorate dissertation, Eastern Baptist Seminary.

Parker, L. E. (2002), Visionary church leadership for the twenty-first century in the African-American community, master's thesis, University of La Verne.

Pfeffer, J. (1981). "Management as symbolic action: the creation and maintenance of organizational paradigms," Research in Organizational Behavior, 3: 1-52.

_____ (1982). Organizations and Organizational Theory, Boston, Pitman, 1982.

Podsakoff, P. M., MacKenzie, S. B., Mooreman, R. H., & Fetter, R. (1990), "Transformational leader behaviors and their effects on followers' trust in leader, satisfaction, and organizational citizenship behaviors," Leadership Quarterly, 1(2). 107-142.

Ro, B. R. (1983), Non-spiritual factors in church growth. In B. R. Ro and M. L. Nelson (Eds.), Korean church growth explosion, 159-170. Seoul: Word of Life Press.

Randolph, W. A. & Blackburn, R. S. (1989), Managing Organizational Behavior, Homewood III, Irwin, p.319.

Robbins, S. P. (2001), Organizational Behavior, Prentice Hall 9th: 324-325

Rousseau, D. M. (1999), Psychological contracts in organizations: Understanding written and unwritten agreements, Thousand Oaks, CA: Sage.

Russell, M. (2003), "Leadership and Followership as a Relational Process," Educational Management & Administration, 31(2), 145-157.

Saal, F. E. & Knight, P. A. (1995), Industrial/Organizational Psychology, Science and Practice, 2nd edition, Brooks/Cole Publishing Company, Pacific Grove, California.

Salanova, M., Grau, R. M., Cifre, E., & Llorens, S. (2000), "Computer training, frequency of usage and burnout: the moderating role of computer self-efficacy," Computers in Human Behavior 16, 575-590.

Sanford, F. H.(1950), Authoritarianism and Leadership, Philadelphia.

Sashkin, M. (1988). "The visionary leader, In J. A. Conger and

R. M. Kanungo (Eds.)", Charismatic leadership: The elusive factor in organizational effectiveness, San Francisco: Jossey-bass.

Schnake, M., Cochran, D., & Dumler, M.(1995), "Encouraging organizational citizenship: The effects of job satisfaction, perceived equity and leadership," Journal of Managerial Issues, 7(2), 209-221.

Seltzer, J. & Bass, B. M. (1987), "Transformational leadership: Beyond initiation and consideration," Annual meeting of the American Psychological Association, New York.

Shamir, B., House, R. J., & Arthur, M. B. (1993), "The motivational effects of charismatic leadership: a self-concept based theory," Organization Science, 4, 1-17.

Shamir, B. & Howell, J. M. (2000), "The role of followers in the charismatic leadership process: susceptibility, social construction, and leader empowerment," Academy of Management, Toronto.

Shea, C. M. & Howell, J. M. (1999), "Charismatic leadership and task feedback," Leadership Quarterly, 10(3), 375-396.

Shearer, R. E. (1966), Wildfire: Church growth in Korea. Seoul: The Christian Literature Society.

Smircich, L. & Morgan, G. (1982). "Leadership: the management of meaning," Journal of Applied Behavioral Science, 18: 257-273.

Smith, C. A., Organ, D. W., & Near J. P. (1983), "Organizational Citizenship Behavior: Its nature and antecedents," Journal of Applied Psychology, 68, 653-663.

Smith, E. D. (1989), A comparative analysis of Theory Z and the New Testament scriptures with implications for the development of charismatic church leadership, master's thesis, Seattle University.

Smith, P. B. & Peterson, M. F. (1988), Leadership, Organization and culture, Beverly Hills, CA: Sage.

Snyder, M. (1974), "Self-Monitoring of Expressive Behavior," Journal of Personality and Social Psychology, 30(4), 526-537.

Spears, L. C. (1995), Reflections on leadership: How R. K. Greenleaf's Theory of Servant-Leadship Influenced Today's Top Management Thinkers, New York, John Wiley and Sons.

Stogdill, R. M. (1948). "Personal factors associated with leadership: A survey of the literature," Journal of Psychology, 25, 35-71.

_____ (1950). "Leadership, membership and organization," Psychological Bulletin, 47: 1-14.

_____ (1963). Manual for the Leader Behavior Description Questionnaire - Form XII. Columbus: Bureau of Business Research, Ohio State University.

_____ (1974), Handbook of leadership: A survey of

theory and research. New York: Free Press.

Suh, J. J. (1996), The Relationship between the Leadership Style of Korean Senior Pastors and Church Growth, Doctorate dissertation, Biola University.

Thompson, J. D. (1967). Organization in Action, New York: McGraw-Hill, 1967.

Tichy, N. M. & Devanna, M. A. (1986), The transformational leader, New York; John Wiley & Sons, Inc.

Townsend , P. L. (1997), Five-star leadership: the art and strategy of creating leaders at every level, Wiley.

Van Dyne , L., Graham, J. W., & Dienesch, R. M. (1994), "Organizational citizenship behavior: Construct redefinition, measurement, and validation", Academy of Management Journal, 37,4, 656-669.

Venkatraman, N. (1989), "The Concept of Fit in Strategy Research: Toward Verbal and Statistical Correspondence," Academy of Management Review, 14(3), 423-444.

Vroom, V. H. & Jago, A. G. (1988), The new leadership: Managing participation in organization, Englewood Cliffs, N.J.: Prentice-Hall

Vroom, V. H. & Yetton, P. W. (1973), Leadership and decision making, Pittsburgh: University of Pittsburgh Press.

Waldman, D. A., Bass, B. M., Yammarino, F. J. (1990), "Adding to contingent-reward behavior: The augmenting effect of charismatic leadership," Group & Organizational

Studies, 15: 381-394.

Weber, M. (1924/47), The theory of social and economic organizations. New York: Free Press.

Wortman, M. S.(1986), "Strategic Management and Changing Leader-Follower Roles," Journal of Applied Behavioral Science, 18, 371-383.

Yammarino, F. J. & Bass, B. M. (1990), "Transformational leadership and multiple levels of analysis," Human Relations, 43, 975-995.

Young, M. N. (1990), Transformational leadership behaviors of male and female academic deans, Doctoral dissertation, Bowling Green State University, Dissertation Abstracts International, 52, 0821A.

Yukl, G. A. (1989), "Managerial Leadership: A Review of Theory and Research," Journal of Management, 15(2), 251-289.

_____ (1998), Leadership in organizations (4th ed.). Upper Saddle River, NJ: Prentice-Hall

Yukl, G. & Van Fleet, D. D. (1992), Theory and research on leadership in organizations, Handbook of industrial and organizational psychology, Palo Atto, CA: Consulting Psychologists Inc., 147-297.

Yusof, A. (1998), "The relationship between transformational leadership behaviors of athletic directors and coaches' job satisfaction," The Physical Educator, 44(4) 170-175.

Zohar, D. (2002), "The effects of leadership dimensions, safety climate, and assigned priorities on minor injuries in work groups," Journal of Organizational Behavior, 23(1), 75-92.

설 문 지

<설문 작성요령>

★ 귀교회의 담임목사님을 머리에 떠올리시고 오직 그 분에 관해서만 답해 주십시오.

★ 설문 항목에는 정답이 없으므로 오래 생각하지 마시고 평소 느끼신 대로 솔직하게 답해주시면 됩니다. 설문지의 어떠한 항목도 정답이 없으므로 귀하께서 생각하시는 바를 표시해 주시면 고맙겠습니다. 감사드리며 귀 가정에 주님의 가호가 항상 함께 하시기를 기원드립니다.

2003. 7. 10.

Ⅰ. 아래의 항목들은 **목사님들의 리더십 스타일**에 관련된 것입니다. **담임목사님**에 대한 평소의 생각과 느낌을 오른쪽에서 택하여 표시해 주세요.

설 문 항 목	전혀아니다	그렇지않다	중간	그렇다	매우그렇다
다음은 담임목사님에 관한 질문입니다. 그 분은					
1. 성도들에게 존경받을 만한 어떤 힘과 특성을 가졌다.	1	2	3	4	5
2. 내게 지향해야 할 비전과 신앙의 지표를 깨닫게 하는 무엇을 갖고 있다.	1	2	3	4	5
3. 나로 하여금 영적, 신앙적 욕구가 강하게 일어나도록 동기가 된다.	1	2	3	4	5
4. 내게 언제나 강한 영감을 주신다.	1	2	3	4	5
5. 내가 교회 일을 열심히 할 수밖에 없도록 이끄시는 무엇인가를 갖고 있다.	1	2	3	4	5
6. 성도들을 개별적으로 지도하고 만나는데 시간을 많이 할애한다.	1	2	3	4	5
7. 내게 개별적으로 특별히 관심을 갖고 대해준다.	1	2	3	4	5
8. 내게 신앙생활을 위한 지도를 해준다.	1	2	3	4	5
9. 교회에서 나의 역할이 중요하다고 개별로 말씀한 적이 있다.	1	2	3	4	5
10. 내가 소외당할 때 개인적으로 관심을 쏟아준다.	1	2	3	4	5
11. 내가 원하는 바를 정확히 알고 도와준 적이 있다.	1	2	3	4	5
12. 나의 개인적 사정을 충분히 배려해서 나를 대해준다.	1	2	3	4	5
13. 성도들에게 그분 자신의 가치관이나 신념에 대해 자주 들려준다.	1	2	3	4	5

설 문 항 목	전혀아니다	그렇지않다	중간	그렇다	매우그렇다
14. 교회 내 문제해결에 있어서 새롭고 창의적인 방식으로 해결하려고 한다.	1	2	3	4	5
15. 어떤 문제에 대해서나 성도들이 다양한 시각을 가질 수 있도록 배려한다.	1	2	3	4	5
16. 내가 이미 알고 있던 사항들을 새로운 시각에서 바라볼 수 있게 해준다.	1	2	3	4	5
17. 올바른 신앙생활을 위해 성도들에게 다양한 시각을 제공한다.	1	2	3	4	5
18. 나에게 성도로서의 위치와 사명에 대한 인식을 고취시킨다.	1	2	3	4	5
19. 자신이 누릴 수 있는 목사의 특권을 성도를 위해 기꺼이 포기한다.	1	2	3	4	5
20. 성도들로부터 깍듯한 대접을 받는 것을 사양하는 편이다.	1	2	3	4	5
21. 교회와 성도들을 위해서 자신의 시간과 노력을 아끼지 않는다.	1	2	3	4	5
22. 교회에 문제가 발생하면 모든 책임을 지고 어떠한 비난과 오해도 감수한다.	1	2	3	4	5
23. 교회와 성도들을 위해서 물질적인 희생도 감수한다.	1	2	3	4	5
24. 자신이 받아야 마땅한 합리적인 처우를 극구 사양한다.	1	2	3	4	5
25. 성도들이 한 일의 결과에 대해서 늘 감사한다.	1	2	3	4	5
26. 성도들이 목사님의 기대에 부응하면 만족감을 표현한다.	1	2	3	4	5
27. 성도가 교회일을 끝내면 어떤 방식으로든 성도에게 그 결과를 알리고 치하해 준다.	1	2	3	4	5
28. 내가 목사님을 지지하면 목사님은 그 대가로 내게 다양한 도움을 제공한다.	1	2	3	4	5

설 문 항 목	전혀아니다	그렇지않다	중간	그렇다	매우그렇다
29. 내가 교회봉사를 성실히 했을 때 나에게 필요한 신앙상담이나 조언을 해준다.	1	2	3	4	5
30. 교회생활에 최선을 다하면 반드시 그에 대한 보상이 따를 것이라고 강조한다.	1	2	3	4	5
다음은 귀하에게 해당하는 질문입니다.					
31. 우리 교회 성도가 어려운 상황에 닥쳐 있으면 그를 도와준다.	1	2	3	4	5
32. 교회가 내게 기대하는 것 이상으로 일을 수행한다.	1	2	3	4	5
33. 다른 사람들 앞에서 우리 교회의 좋은 면을 강조한다.	1	2	3	4	5
34. 교회를 위해 필요한 사소한 일은 누가 안 봐도 자발적으로 한다.	1	2	3	4	5
35. 잘 모르는 우리교회 성도가 어려운 상황에 닥쳐 있어도 자발적으로 도와준다.	1	2	3	4	5
36. 만약 그 분에 대한 재 신임 투표를 한다면 나는 찬성하겠다.	1	2	3	4	5
37. 그 분이 계속 우리 교회에 남아있으면 좋겠다.	1	2	3	4	5
38. 그 분을 나의 개인적인 목자로 인정하고 받아들인다.	1	2	3	4	5
39. 그 분은 진정한 목회자로서의 자격이 충분하다.	1	2	3	4	5

II. 다음은 **귀하 자신**에 대한 질문입니다. 각 항목에 대하여 귀하의 생각이나 느낌을 가장 잘 나타내고 있는 곳에 표시해 주시기 바랍니다.

설 문 항 목	전혀 아니다	그렇지 않다	중간	그렇다	매우 그렇다
다음은 귀하에 대한 질문입니다. 귀하 자신은?					
1. 어떤 사회적 목표나 나 자신의 개인적 꿈을 이룩해보려고 교회생활을 시작했다.	1	2	3	4	5
2. 교회나 목사님의 지시에 의해 움직이기보다는 독자적인 판단에 의해 행동한다.	1	2	3	4	5
3. 내가 더욱 가치 있는 사람으로 여겨지기 위해 나의 능력을 적극적으로 발휘한다.	1	2	3	4	5
4. 어려운 문제가 생겼을 때 교회나 목사님에게 의존하기보다 스스로 해결하려 한다.	1	2	3	4	5
5. 내가 인정받지 않더라도 주위의 다른 성도가 좋은 평가를 받도록 적극 돕는다.	1	2	3	4	5
6. 내게 대한 평가를 회피하기보다는 장점과 약점을 적극적이고 솔직하게 인정한다.	1	2	3	4	5
7. 무조건 교회나 목사님 지시대로 하지 않고 그 지시가 합리적인지 스스로 평가해본다.	1	2	3	4	5
8. 목사님이 부탁해도 내게 손해가 될 것 같으며 거절하는 편이다.	1	2	3	4	5
9. 목사님이나 주변 성도들의 의견이 아니라 내 자신의 윤리적 기준에 따라 행동한다.	1	2	3	4	5
10. 목사님이나 주변 성도들이 싫어하더라도 중요한 문제에 대해서는 내 견해를 주장한다.	1	2	3	4	5

Ⅲ. 아래의 항목들은 통계분류를 위한 질문입니다. **무기명으로 통계적으로만** 처리되오니 반드시 작성해주시기 바랍니다.

1. 귀하의 성별은?
   1) 남   2) 여

2. 귀하의 연령은?
   1) 20-29세   2) 30-39세   3) 40-49세
   4) 50-59세   5) 60세 이상

3. 귀하의 최종학력은?
   1) 중졸이하   2) 고졸   3) 전문대/대학 재학 중
   4) 전문대/대졸   5) 대학원 졸   6) 기타

4. 귀하의 신앙생활기간은?
   1) 1년 미만   2) 1년 이상 - 3년 미만
   3) 3년 이상 - 5년 미만   4) 5년 이상 - 10년 미만
   5) 10년 이상

5. 귀하는 월 평균 몇 회 정도 목사님과 직접 대화하거나 만남을 가집니까?
   1) 1회 미만   2) 1회 - 2회
   3) 3회 - 4회   4) 4회 이상

6. 귀하가정의 월 소득은?
   1) 100만원 미만
   2) 100만원 이상 - 200만원 미만

3) 200만원 이상 - 300만원 미만

4) 300만원 이상 - 400만원 미만

5) 400만원 이상

7. 귀하가 현재 출석하고 계신 교회의 교파는?

1) 장로교   2) 감리교   3) 순복음

4) 침례교   5) 성결교   6) 기타

8. 귀하가 현재 출석하고 계신 교회의 성도 수는 대략 몇 명 정도입니까?

1) 100명 미만

2) 100명 이상 - 500명 미만

3) 500명 이상 - 1000명 미만

4) 1000명 이상 - 3000명 미만

5) 3000명 이상 - 5000명 미만

6) 5000명 이상 - 10,000명 미만

7) 10,000명 이상

9. 귀하가 현재 교회에서 맡은 직분은 무엇입니까?

1) 일반성도   2) 집사   3) 권사

4) 안수집사   5) 장로   6) 기타

·저자·

서정하
徐定何

·약 력·

이화여자대학교 법정대학 비서학과 졸업
홍익대학교 대학원 경영학석사
홍익대학교 대학원 경영학박사

청주대학교 경상대학 경영학과 교수
리더십학회 총무
Human Resources Development Networking Meeting 자문교수
곽영일 영어연구원 자문교수
명성교회 교회학교 연구위원
한국인사관리학회 회원
한국산학기술학회 회원
한국기독교학회 회원
한국인구학회 회원

·주요논저·

「국내 수입담배시장의 경쟁현황과 Dunhill Lights의 마케팅 전략」
「한국 기독교 목회자의 변혁적/거래적 리더십행위가 성도들의
  조직시민행동, 정통성지각에 미치는 영향: 추종자 특징의
  조절효과를 중심으로」
「한국 벤처기업 CEO의 카리스마적 리더십행위와 구성원의
  조직몰입: 성취욕구의 조절효과에 대한 연구」
「담배가격이 보건의료지출에 미치는 효과에 관한 연구」
「자기희생적 리더십과 카리스마: 교회조직의 목회자 리더십에
  관한 경영학적 연구」
「국내대학의 산학협력단장의 리더십에 관한 연구」
「성도의 독립-비판성향이 목회자의 리더십 효과에 미치는 영향」
「목회자의 변혁적 및 거래적 리더십과 성도의 목회자에 대한
  정통성 지각 간의 관계」
「목회자의 변혁적 리더십행위가 성도의 조직시민행동에 미치는 영향」
『Practical English Expressions for Executive Secretary Ⅰ, Ⅱ』
외 다수

기독교 목회자의 리더십에
대한 경영학적 연구

• 초 판 인 쇄	2006년 4월 8일
• 초 판 발 행	2006년 4월 8일
• 지 은 이	서정하
• 펴 낸 이	채종준
• 펴 낸 곳	한국학술정보㈜
	경기도 파주시 교하읍 문발리 526-2
	파주출판문화정보산업단지
	전화 031) 908-3181(대표) · 팩스 031) 908-3189
	홈페이지 http://www.kstudy.com
	e-mail(e-Book사업부) ebook@kstudy.com
• 등 록	제일산-115호(2000. 6. 19)
• 가 격	
	21,000원

ISBN 89-534-4920-0 93320 (Paper Book)
      89-534-4921-9 98320 (e-Book)